今日中国

理论篇

中国的自信从哪里来？

中华文化学院 组织编写
左鹏 张晓晨 著

新世界出版社
NEW WORLD PRESS

图书在版编目（CIP）数据

中国的自信从哪里来？.理论篇 / 左鹏，张晓晨著
.-- 北京：新世界出版社，2024.1
ISBN 978-7-5104-7804-8

Ⅰ.①中… Ⅱ.①左… ②张… Ⅲ.①中华文化–研究 Ⅳ.①K203

中国国家版本馆 CIP 数据核字 (2023) 第 230753 号

中国的自信从哪里来？
理论篇

组织编写：中华文化学院
作　　者：左鹏　张晓晨
责任编辑：崔舒琪
装帧设计：贺玉婷
责任校对：宣　慧　张杰楠
责任印制：王宝根
出　　版：新世界出版社
网　　址：http://www.nwp.com.cn
社　　址：北京西城区百万庄大街 24 号（100037）
发 行 部：(010)6899 5968（电话）　(010)6899 0635（电话）
总 编 室：(010)6899 5424（电话）　(010)6832 6679（传真）
版 权 部：+8610 6899 6306（电话）　nwpcd@sina.com（电邮）
印　　刷：天津中印联印务有限公司
经　　销：新华书店
开　　本：787mm×1092mm　1/16　尺寸：170mm×240mm
字　　数：200 千字　印张：11.5
版　　次：2024 年 1 月第 1 版　2024 年 1 月第 1 次印刷
书　　号：ISBN 978-7-5104-7804-8
定　　价：58.00 元

出版说明

习近平总书记强调，讲好中国故事，要阐释好中国特色。要讲清楚每个国家和民族的历史传统、文化积淀、基本国情不同，其发展道路必然有着自己的特色；讲清楚中华文化积淀着中华民族最深沉的精神追求，是中华民族生生不息、发展壮大的丰厚滋养；讲清楚中华优秀传统文化是中华民族的突出优势，是我们最深厚的文化软实力；讲清楚中国特色社会主义根植于中华文化沃土、反映中国人民意愿、适应中国和时代发展进步要求，有着深厚历史渊源和广泛现实基础。为了生动讲好中国故事，传播好中华文化，中央社会主义学院（中华文化学院）与中国外文局联合策划、陆续推出这套“今日中国”丛书。

“今日中国”丛书由中华文化学院组织编写，汇集了其近年教学科研改革的最新成果。从 1997 年成立之日起，中华文化学院始终把传播好中华文化、讲好中国故事，作为自己的初心和使命。2016 年以来，中华文化学院立足“大文化”视角，创新共识教育方式，以文化认同促进政治共识，以文化认同增进各界人士对中国、中华民族、中国共产党和中国特色社会主义的认同，为实现中华民族伟大复兴的中国梦增添精神动力。

“今日中国”丛书正是在这样的创新和教学积累中逐渐形成的。丛书以传播中华文化为主要任务，内容既包括中华优秀传统文化，也包括马克思主义中国化的最新成果，是中华优秀传统文化、革命文化和社会主义先进文化的有机统一体，涵盖了宗教、信仰、价值观念、伦理道德、风俗习惯、文学艺术、科学技术、制度体系等。丛书力图讲清楚中华文化的核心要义、独特创造、价值理念和鲜明特色，阐明历史选择中国共产党、选择中国特色社会主义道路的必然性，阐明习近平新时代中国特色社会主义思想的精神实质和丰富内涵，同时又根据人群特点各有侧重。

中华文化源远流长、博大精深，“今日中国”丛书在内容上必定是沧海一粟。书中不完善的地方，敬请各界专家、各位读者指正。

目　录

第一章

中国自信的理论基础是什么？

“一个民族要想站在科学的最高峰，就一刻也不能没有理论思维。”[1] 一百年来，中国人民在中国共产党领导下，推动中华民族先后实现了从“东亚病夫”到“站起来”的伟大飞跃、从“站起来”到“富起来”的伟大飞跃，而今在新时代又迎来了从“富起来”到“强起来”的伟大飞跃。“三个伟大飞跃”的接力实现，自始至终都坚持着马克思主义及其中国化理论成果的指导。这个中国化理论成果即中国理论，它既有科学的思想基础，又有深厚的文化底蕴，还有充分的实践依据，是新时代中国共产党和中国人民高度自信的内在依据。

一、中国自信植根于中国奇迹

2020 年 3 月，全球知名公关咨询公司爱德曼国际公关公司发布了《2020 年爱德曼全球信任度调查报告》。该报告已连续发布 20 年，调查涉及全球 28 个国家和地区的超过 3.4 万名受访

1 《马克思恩格斯选集》第 3 卷，人民出版社 2012 年版，第 875 页。

者。受访者被要求对本国（地区）政府、企业、媒体和非政府组织四类公共机构的信任度做出评价。报告显示，中国人民对中国各领域发展的信心不断增强，中国的信任度综合指数同比增长 3 个百分点，以 82% 的成绩连续第三年位居世界各主要经济体首位，而全球平均指数仅为 54%。据爱德曼国际公关公司常务董事路易丝·特纳介绍，民众对政府的信任是基于政府在国家安全、基础设施建设、维护治安、保护公民权益、规范新兴技术、社会救济服务、与企业间合作等方面的表现。在她看来，中国政府赢得了人民的高度信任，信任指数远高于世界平均水平。在抗击新冠肺炎疫情期间，中国人民对中国政府举措的支持和配合再次证明了报告的结论。

2021 年 7 月 1 日，庆祝中国共产党成立 100 周年大会在北京天安门广场隆重举行。大会开始前，由 3000 名北京大中小学学生组成的合唱团连续演唱了《唱支山歌给党听》《团结就是力量》《我们走在大路上》《社会主义好》《我们是共产主义接班人》《新的天地》《没有共产党就没有新中国》等 7 首经典歌曲。天籁般的声音朴实真诚、纯净空灵，唱出了合唱团演员对中国共产党发自内心的真挚情感，唱出了现场 7 万余名观众和全国 14 亿多人民在中国共产党领导下创造幸福生活、奔向美好未来的坚定信心。这一场景，生动诠释了五年前中共中央总书记、中国国家主席习近平在庆祝中国共产党成立 95 周年大会上自信而坚定的话语："当今世界，要说哪个政党、哪个国家、哪个民族能够自信的话，那中国共产党、中华人民共和国、中华民族是最有理由自信的。"[1]

中国自信的理由是什么？最重要的是，一百年来中国共产党团结带领中国人民，在中国这片广袤的土地上绘就的人类发展史上波澜壮阔的雄美画卷，创造的世所罕见的经济快速发展奇迹和社会长期稳定奇迹，使近代一百多年饱受奴役和欺凌的中国人民站立起来，使具有五千多年文明历史的中华民族全面迈向现代化，使具有五百多年历史的社会主义思想在世界上人口最多的国家开辟出成功道路，使新中国大踏步赶上时代，中华民族伟大复兴展现出光明前景。

曾几何时，"华人与狗不得入内"显示着侵略者的嚣张气焰，给中国人留下的是刻骨铭心的屈辱记忆。偌大的旧中国，多少人上无片瓦、下无立锥之地，多少人衣不蔽体、食不果腹。而如今，中华民族巍然屹立于世界民族之林，不仅彻底摆脱了"覆屋之下、漏舟之中、薪火之上"的境地，彻底告别了"为奴隶、为牛马、为犬羊""跪着犹不能求生"的悲惨命运，而且已经全面建成小康社会，历史性地解决了绝对贫困问题，正意气风发地行进在全

1 习近平：《论中国共产党历史》，中央文献出版社 2021 年版，第 125 页。

面建成社会主义现代化强国的新征程上。

曾几何时，中国民主革命的伟大先驱孙中山在《建国方略》中满怀希望地设想，要在中国筑铁路、铺公路、建大港，连通大江南北、内陆边疆，这在当时被认为是“天方夜谭”。而如今，世界上七成左右的高铁都在中国，从“和谐号”到“复兴号”，中国高速列车引领世界标准；全世界最高的100座公路桥几乎都在中国，从高速公路到乡村公路，纵横成网，天堑变通途；世界十大港口中，中国独占其七，中国的远洋巨轮穿梭世界、艨艟巨舰劈波斩浪，“舟楫为舆马，巨海化夷庚”的梦想已成现实。

曾几何时，从敦煌莫高窟的飞天壁画到明朝万户的飞天壮举，从冯如设计制造的中国第一架飞机到钱学森归国后研制发射的中国第一枚火箭，中华民族的逐梦星辰几多艰辛、几多坎坷；而如今，“天眼”遥望宇宙、“北斗”闪耀指南、“嫦娥”奔向月球、“祝融”登陆火星、“天宫”巡航太空……中国的航天成就惊艳全球，震撼世界。

曾几何时，百年前《天津青年》杂志发出“奥运三问”：中国何时能派运动员参加奥运会？中国何时能获得奥运会金牌？中国何时能举办奥运会？而如今，奥运赛场上活跃着千百名中国体育健儿，斩获的金牌、奖牌名列前茅，五星红旗一次次升起，义勇军进行曲一遍遍奏响；继成功举办一届无与伦比的夏季奥运会之后，奥运圣火再次在北京点燃，北京成为目前世界上绝无仅有的“双奥运”城市。

曾几何时，苏联解体、东欧剧变，世界上的社会主义国家像多米诺骨牌一样接连倒掉，有人要眼睁睁地看着中国社会主义垮台，但邓小平留下了乐观而自信的话语：“不要惊慌失措，不要认为马克思主义就消失了，没用了，失败了。哪有这回事！”[1]而如今，中国特色社会主义进入新时代，科学社会主义在21世纪的中国焕发出强大生机活力，给世界上那些既希望加快发展又希望保持自身独立性的国家和民族提供了全新选择。

今天的中国，是一个快速发展的中国。从1949年人均国民收入仅27美元，到人均国内生产总值连续两年超过1万美元；从一个落后的农业国，到连续11年成为世界第一制造大国。以国内生产总值为例，2001年超过意大利，2005年超过法国，2006年超过英国，2007年超过德国，2010年超过日本，成为世界第二，2021年突破110万亿元人民币，达到美国的78%。

今天的中国，是一个平安的中国，是世界上最能给人民安全感的国家之一，人民群众对平安中国建设的满意度达到98.4%。人们感叹：“我们生活的世界并不和平，我们只是有幸生活在和平的国家。”

---

1 《邓小平文选》第3卷，人民出版社1993年版，第383页。

今天的中国，是一个幸福的中国，人民的获得感、幸福感、安全感稳步提升。国际知名民调机构的统计显示，2023 年中国是参与调查国家中幸福指数最高的，感到非常幸福或比较幸福的中国人比例高达 91%。

今天的中国，是一个和睦的中国，中华民族共同体意识显著增强。56 个民族像石榴籽一样紧紧抱在一起、相互离不开，“中华民族一家亲，同心共筑中国梦”成为新时代民族团结进步的生动写照。

这就是一百年来中国共产党围绕实现中华民族伟大复兴这个主题，不懈奋斗、不怕牺牲、不断创造，在中华民族历史上书写下的最恢宏的篇章。新时代的中国，比历史上任何时期都更接近中华民族伟大复兴的目标；新时代的中国人民，比历史上任何时期都更有信心、更有能力实现这个目标。在 960 多万平方公里的国土上，14 多亿人民从来没有像今天这样富裕富足、扬眉吐气，从来没有像今天这样有尊严地生活着、有激情地奋斗着，从来没有像今天这样充满做中国人的志气、骨气和底气，充满“平视世界”的自信自强。

二、中国奇迹脱胎于中国理论

伟大的奇迹来源于伟大的实践，伟大的实践需要伟大的理论并一定能够产生伟大的理论。指导中国革命、建设和改革取得伟大成就的伟大理论是马克思主义及其中国化理论成果——毛泽东思想、中国特色社会主义理论体系、习近平新时代中国特色社会主义思想。其中，习近平新时代中国特色社会主义思想是当代中国马克思主义、21 世纪马克思主义，是中华文化和中国精神的时代精华，是中国共产党和中国人民为实现中华民族伟大复兴而奋斗的行动指南。

中华民族是一个历史悠久的伟大民族，在五千多年的发展史上创造了灿烂的中华文明，为人类做出了卓越贡献。但进入近代以来，由于外国资本主义入侵，由于本国封建统治腐败无能，中国落后了、挨打了，一步步地沦为了半殖民地半封建社会。国家蒙辱、人民蒙难、文明蒙尘，中华民族遭受了前所未有的劫难。为了反对外国侵略、争取民族独立、改变国家贫穷落后的面貌，当时的有识之士开始主动了解国际形势、研究外国史地，探索救亡图存、振兴中华之路。

一开始，他们看到了国外先进的军事和科学技术，于是提出“师夷长技以制夷”的思想，主张“中学为体，西学为用”，通过器物层面的革新改变落后挨打的局面。洋务派进行了尝试，但是甲午战争的惨败证明，单纯依靠武器装备的改进不能扶大厦之将倾。

接着，他们看到了中外在政治制度上的差异，于是维新派主张效法西方国家的君主立宪，走出一条改良的路子，但是短暂尝试之后即以失败告终；革命派认为民主共和乃大势所趋，继而发动辛亥革命，推翻了统治中国两千年的君主专制制度，建立了亚洲第一个资产阶级共和国，但是终究未能改变旧中国的社会性质和中国人民的悲惨命运。

再接着，他们开始反思中国的国民性，认为从器物到制度的简单模仿都不能挽救民族危亡，中国需要一场思想启蒙运动，于是提倡民主、反对专制，提倡科学、反对迷信，这就是新文化运动。在新文化运动中，一大批深谙中西文化精髓的革命民主主义者纷纷著书立说，探索"中国向何处去""中国怎么办"这一关系民族生存和发展的中心课题。一时间，改良主义、自由主义、社会达尔文主义、无政府主义、实用主义、民粹主义、工团主义等各种新思潮纷至沓来，中国政治舞台上形成了百家争鸣的局面。反复比较当中，再加上十月革命的催化，作为各种新思潮之一的马克思主义以其高度的科学性和革命性，开始吸引着越来越多的进步青年，他们逐步把中华崛起之希望从西方转向了东方、从自由主义转向了社会主义。

经过这样的转向，马克思列宁主义在中国得到了广泛传播。中国的先进分子开始把它作为观察国家命运的工具，重新考虑中国的问题，最后得出的结论是走俄国人的路。于是，有了马克思列宁主义同中国工人运动的结合，有了中国共产党的应运而生。从此，中国人民谋求民族独立、人民解放和国家富强、人民幸福的斗争就有了主心骨，中国人民就从精神上由被动转为主动。但是，马克思主义毕竟产生于西方，提供的只是总的指导原理，而不是现成的教条，它的实际运用必须随时随地地以当时的历史条件为转移。正是抓住了这一点，列宁领导的俄国十月革命取得了胜利，并把马克思主义推进到了列宁主义阶段。

中国共产党成立后，要运用马克思主义基本原理指导中国革命实践，同样需要结合新的时代特征和中国具体实际、中华优秀传统文化，在高度理论自觉、坚定理论自信的基础上，持续推进理论和实践的创新。通过不断总结中国革命正反两方面经验教训，1938 年毛泽东第一次面向全党提出“马克思主义中国化”的任务。此后他身体力行，在领导全面抗战的过程中，推出了一系列颇具代表性的马克思主义中国化的理论成果。1945 年召开的党的七大，郑重地把“马克思列宁主义的理论与中国革命的实践之统一的思想——毛泽东思想”写入党章，实现了中国共产党指导思想的历史性飞跃，为马克思主义中国化竖起了一面鲜亮的旗帜。

正是在这面旗帜的指引下，中国共产党团结带领中国人民浴血奋战、百折不挠，以武装的革命反对武装的反革命，推翻帝国主义、封建主义、官僚资本主义三座大山，建立了人民当家作主的中华人民共和国，实现了民族独立、人民解放，彻底结束了旧中国半殖民地半封建社会的历史，彻底结束了旧中国一盘散沙的局面，彻底废除了列强强加给中国的不平等条约和帝国主义在中国的一切特权，为实现中华民族伟大复兴创造了根本社会条件。

进入社会主义革命和建设时期，中国共产党坚持和发展毛泽东思想，创造性地开辟了一条适合中国情况的社会主义改造道路，从理论和实践上解决了在中国这样一个占世界人口近 1/4 的、经济文化较为落后的大国建立社会主义制度的问题。全面建设社会主义开始后，毛泽东基于中国经济建设的初步经验和苏联社会主义建设暴露出来的缺点和错误，提出把马克思主义基本原理与中国具体实际“第二次结合”的任务，并由此阐发了一系列关于中国社会主义建设的思想理论观点。正是在这些思想理论观点指引下，中国共产党团结带领中国人民自力更生、发愤图强，确立社会主义基本制度，推进社会主义建设，战胜帝国主义、霸权主义的颠覆破坏和武装挑衅，实现了中华民族有史以来最为广泛而深刻的社会变革，实现了一穷二白、人口众多的东方大国大步迈进社会主义社会的伟大飞跃，为实现中华民族伟大复兴奠定了根本政治前提和制度基础。

党的十一届三中全会后，党坚持解放思想、实事求是、与时俱进、求真务实，不断加深对什么是社会主义、怎样建设社会主义，建设什么样的党、怎样建设党，实现什么样的发展、怎样发展的认识，在勇于推进实践创新的同时不断推进理论创新，先后创立了邓小平理论、“三个代表”重要思想、科学发展观，形成了中国特色社会主义理论体系，实现了中国共产党指导思想的又一次历史性飞跃。在这次飞跃的理论成果的指引下，中国共产党团结带领中国人民实现了新中国成立以来党的历史上具有深远意义的伟大转折，继而坚定不移推进改革开放，开创、坚持、捍卫、发展中国特色社会主义，实现了从高度集中的计划经济体制到充满活力的社会主义市场经济体制、从封闭半封闭到全方位开放的历史性转变，实现了从生产力相对落后的状况到经济总量跃居世界第二的历史性突破，实现了人民生活从温饱不足到总体小康、奔向全面小康的历史性跨越，为实现中华民族伟大复兴提供了充满新的活力的体制保证和快速发展的物质条件。

党的十八大以来，面对国际国内形势的深刻变化，以习近平同志为核心的党中央，胸怀中华民族伟大复兴战略全局和世界百年未有之大变局，从理论和实践结合上系统回答了新时代坚持和发展什么样的中国特色社会主义、怎样坚持和发展中国特色社会主义这个重大时代课题，创立了习近平新时代中国特色社会主义思想，开辟了马克思主义中国化的新境界。在这一思想指引下，中国共产党团结带领中国人民自信自强、守正创新，坚持和加强党的全面领导，统筹推进“五位一体”总体布局、协调推进“四个全面”战略布局，坚持和完善中国特色社会主义制度、推进国家治理体系和治理能力现代化，战胜一系列重大风险挑战，实现第一个百年奋斗目标，明确实现第二个百年奋斗目标的战略安排，党和国家事业取得历史性成就、发生历史性变革，为实现中华民族伟大复兴提供了更为完善的制度保证、更为坚实的物质基础、更为主动的精神力量。

面向未来，全面建设社会主义现代化国家的新征程已经开启，中国共产党正团结带领中国人民为到 2035 年基本实现社会主义现代化的远景目标、到本世纪中叶把中国建成富强民主文明和谐美丽的社会主义现代化强国的伟大梦想，进行新的伟大斗争、建设新的伟大工程、推进新的伟大事业。在这个新征程上，中国共产党和中国人民将以更加高度的自觉、更加坚定的自信，继续推进马克思主义中国化，进一步丰富和发展习近平新时代中国特色社会主义思想，开辟当代中国马克思主义、21 世纪马克思主义的新境界。

三、中国理论之魂：马克思主义

中国理论产生于中国实践，中国实践离不开马克思主义的指导。一百年来，中国共产党领导中国革命、建设、改革的实践都是在马克思主义指导下进行的。无论过去、现在还是将来，马克思主义都是中国共产党的旗帜、中国理论的灵魂。在新时代建设社会主义现代化强国，同样需要马克思主义的指导。

马克思主义诞生 170 多年来，一直照亮着人类探索历史规律和寻求自身解放的道路，岁月的留痕并没有磨蚀它真理的光芒，反而使它更加耀眼。关于这一点，已经为世人所公认。正如法国存在主义哲学家萨特所说，马克思主义的生命力远不是已经枯竭了，它还年轻，几乎还在童年：它好像刚刚才开始发展。它仍然是我们时代的哲学：它是不可被超越的，因为产生它的那些历史条件还没有被超越。确实如此，不管赞成还是反对，谁都不能忽视马克思的思想学说，谁都无法否认马克思主义的世界性影响。在人类思想史上，就科学性和影响力而言，没有一种思想理论能够达到马克思主义的高度，也没有一种学说能够像马克思主义那样对世界产生如此广泛而深刻的影响。这都充分体现了马克思主义的真理伟力，表明了马克思主义对人们认识世界、改造世界具有不可替代的作用。正是在马克思主义指引下，中国共产党带领中国人民走上了民族复兴之路。用历史映照现实、远观未来，“中国共产党为什么能，中国特色社会主义为什么好，归根到底是因为马克思主义行！”[1]而马克思主义之所以行，是因为马克思主义源于特定时代又超越了特定时代，既是特定时代精神的精华又是整个人类精神的精华。

首先，马克思主义是科学的理论，创造性地揭示了人类社会发展规律。在马克思主义诞生之前，试图揭示人类社会发展规律的学说很多，也都提出过关于社会未来发展的美好设想。但是这些学说、设想，要么从虚幻的神意出发，要么从抽象的人性出发，都没有真正找到人类社会发展的规律和实现理想社会的途径。而马克思则从一个简单事实出发：“人们为了能够‘创造历史’，必须能够生活。但是为了生活，首先就需要吃喝住穿以及其他一些东西。”[2]这就必须进行生产，但生产不能由个人单独进行，必须与他人结合起来共同进行，这就形成了一定的生产关系。一定的生产关系总和起来，就构成了社会的经济基础。在经济基础的上面，竖立着社会的上层建筑，既有国家机器等政治上层建筑，也有反映经济、政治状况的观念上层建筑。在生产力和生产关系

1　习近平：《在庆祝中国共产党成立一百周年大会上的讲话》，《人民日报》2021 年 7 月 2 日。

2　《马克思恩格斯选集》第 1 卷，人民出版社 2012 年版，第 158 页。

之间、经济基础和上层建筑之间存在矛盾，这就是人类社会的基本矛盾。这两对基本矛盾，推动人类社会由低级向高级不断发展，决定了资本主义必然灭亡，社会主义必然胜利，人类最终必然走向共产主义。

其次，马克思主义是人民的理论，第一次创立了人民实现自身解放的思想体系。在马克思之前，社会上占统治地位的理论都是为统治阶级服务的。马克思主义第一次站在人民的立场上探求人类自由解放的道路，以科学的理论为最终建立一个没有压迫、没有剥削、人人平等、人人自由的理想社会指明了方向。《共产党宣言》写道："过去的一切运动都是少数人的或者为少数人谋利益的运动。无产阶级的运动是绝大多数人的、为绝大多数人谋利益的独立的运动。"[1] 也如《国际歌》唱道："起来，饥寒交迫的奴隶！起来，全世界受苦的人！"号召这些人起来干什么？——"旧世界打个落花流水……我们要做天下的主人！"凭什么"要做天下的主人"？——"是谁创造了人类世界？是我们劳动群众！""一切归劳动者所有，哪能容得寄生虫？"这就是马克思主义最鲜明的价值立场以及秉持这种立场的理由，就是要为普天下的劳动者、最广大的人民群众谋福利，就是要解决劳而不获、获而不劳的问题，就是要让每个人自由全面地发展。

---

1 《马克思恩格斯选集》第 1 卷，人民出版社 2012 年版，第 411 页。

再次，马克思主义是实践的理论，指引着人民改造世界的行动。马克思说：“哲学家们只是用不同的方式解释世界，而问题在于改变世界。”[1]这句镌刻在伦敦海格特公墓马克思墓碑上的铭文足以说明，马克思是一个思想家，但他首先是一个革命家。他毕生的真正使命，就是参加现代无产阶级的解放事业。他满腔热情、百折不挠地推动各国工人运动的发展，创建了世界上第一个无产阶级政党——共产主义者同盟，领导了世界上第一个国际工人组织——国际工人协会，支持了世界上第一次无产阶级政权的伟大尝试——巴黎公社。马克思主义不是书斋里的学问，而是人们认识世界、改造世界的强大精神力量。对此，英国学者伊格尔顿有个形象的说法：“历史上从未出现过建立在笛卡尔思想之上的政府，用柏拉图思想武装的游击队，或者以黑格尔的理论为指导的工会组织。马克思彻底改变了我们对历史的理解，这是连马克思主义最激烈的批评者也无法否认的事实。”[2]

最后，马克思主义是不断发展的开放的理论，始终站在时代前沿。马克思、恩格斯创立了马克思主义，但并没有终结马克思主义。一部马克思主义发展史，就是马克思、恩格斯以及他们的后继者不断根据时代、实践、认识的发展而发展的历史，不断吸

1　《马克思恩格斯选集》第1卷，人民出版社2012年版，第140页。

2　特里·伊格尔顿：《马克思为什么是对的》，新星出版社2011年版，第2页。

收人类历史上一切优秀思想文化成果来丰富自己的历史。从自由资本主义时代到帝国主义时代，马克思主义发展到列宁主义阶段；从俄国到中国，马克思主义同中国具体实际相结合、同中华优秀传统文化相结合，在革命和建设时期形成了其中国化的第一个理论成果——毛泽东思想，在改革开放新时期形成了其中国化的第二个理论成果——中国特色社会主义理论体系。到新时代，中国特色社会主义理论体系又得到新的发展，形成了习近平新时代中国特色社会主义思想，成为马克思主义中国化最新成果、21 世纪的马克思主义。这就是马克思主义与时俱进的理论品质，这一品质保证了它能够始终紧跟时代、紧贴实际，在指导伟大社会革命的同时推进伟大自我革命，在创造实践发展新成就的同时谱写理论发展新篇章，以历久弥新的真理之光照亮人类进步事业的发展方向。

四、中国理论之基：中华优秀传统文化

马克思主义是中国理论之魂，但马克思主义产生于 19 世纪 40 年代的西欧。170 多年前产生于西欧的思想何以能在 100 年前传入中国，并受到中国人民热烈欢迎，最终扎根中国大地、开花结果？这决不是偶然的，而是同中国传承了几千年的优秀历史

文化和广大人民日用而不觉的价值观念融通的。

中国是世界四大文明古国之一，但中国不是世界上历史文化最悠久的国家。古埃及、古巴比伦、古印度都有着比中国更悠久的历史文化，但这三种更悠久的历史文化早已被湮没在历史的尘烟中，在今天的世界上再也见不到其活着的踪影，留下的只是遥远的传说和些许的遗迹。中国则与之不同，在历史上虽然也少不了连绵不断的内战和外敌入侵，也出现过外族政权的统治和外来宗教的传入，但是伟大的中华文明不但没有断裂，反而在经历每一次磨难之后更加熠熠生辉了。几千年来，代表中国的主体民族始终没有改变，主体语言始终没有改变，文明根基始终没有改变，中华文明是世界几大古文明中唯一传承至今、没有中断的文明。四千多年前，中国人的祖先创造的文字至今仍在使用。两千多年前，中国就出现了百家争鸣的盛况，老子、孔子、墨子等思想家上究天文、下穷地理，广泛探讨人与人、人与社会、人与自然的关系的真谛，形成了博大精深的思想体系，其中蕴含的很多理念，如孝悌忠信、礼义廉耻、仁者爱人、与人为善、天人合一、道法自然、自强不息等，至今仍然深深影响着中国人的生活。

但进入近代以后，古老的中华民族沉沦了。在各式各样的救国方案都宣告失败之后，中国的先进分子透过俄国十月革命胜利的现实，看到了运用马克思主义实现中华民族伟大复兴的光明前景。而传入中国的马克思主义之所以能够很快地为中国人民接受，除了因为马克思主义的科学性、人民性、实践性、开放性满足了中国的现实需要外，还因为马克思主义同植根于中国人内心、潜移默化地影响着中国人思想方式和行为方式的中华优秀传统文化，在多个方面存在着相一致、可融通的地方，这就为马克思主义基本原理同中国具体实际和中华优秀传统文化相结合、创立中国化的马克思主义创造了便利条件，提供了最大可能。

比如，中华优秀传统文化推崇的“大同”“小康”“天下为公”同马克思主义追求的共产主义、社会主义相融相通。中华民族是具有崇高理想的伟大民族，在历史上产生过许多关于社会发展美好状况的理想憧憬，并对其进行过具体、生动的描述。其中，最具代表性的就是《礼记》中的“大同”“小康”。在所谓的“大同”社会，天下为人们共有，人人劳动、自食其力，互助互爱、尊老爱幼，没有掠夺、没有战争。这是中国传统儒家最高层次的社会政治理想。“大同”固然美好，但在现实中难以企及，于是有了退而求其次的目标选择，即“小康”。在所谓的“小康”社会，天下成为了私家的，人们只敬爱自己的父母，只疼爱自己的子女，财物和劳力都为私人拥有，人人都为自己建功立业。这也是一种物质生活无忧、社会秩序井然的理想状态，但相对于“大同”更贴近现实、更容易实现。

千百年来，中国人民一直追求着“大同”“小康”的梦想，期盼过上丰衣足食的幸福生活，但受制于历史和阶级的局限，始终没有找到实现这个梦想的现实途径。马克思主义追求的人类最崇高的社会理想——共产主义和实现共产主义的必经阶段——社会主义，恰好适应和暗合了中华优秀传统文化中的“大同”“小康”，这便为马克思主义在中国这块古老大地上的传播和发展提供了丰腴的土壤。

再如，中华优秀传统文化推崇的“重民”“安民”等民本思想同马克思主义坚持的人民立场、为人民服务是相通的。作为中华优秀传统文化的核心内容之一，民本即以民为本，是指在国家关系中，民众犹如树根，君主犹如树枝，根深才能枝壮，君主的统治只有得到民众的支持才能稳固。民本思想产生于三千多年前的商周之际。商人迷信天命鬼神，认为天命能够保佑商朝的统治，但商朝的灭亡让周人认识到，天命不是永恒不变的。在周人看来，“天”是宇宙万物的主宰者，扬善惩恶。统治者如果多行不义，“天”就会假人之手将其灭掉。商朝就是因为统治者罪孽深重，被天意灭掉的。那么，天意又是如何表达出来的？周人认为，天意即民意，“天”对于统治者的态度取决于人民对于统治者的态度，所以人民在政权兴废存亡中起着关键作用。

后来，儒家进一步将“仁爱”的道德要求与“重民”的政治要求统一起来，提出了“民为邦本”“民贵君轻”等系统的“仁政”理念。这样的民本思想，虽然在中国古代得到了部分实行，但统治者只是把“民”作为“载舟覆舟”的统治工具加以重视，而不是把“民”作为国家和社会的主人。马克思主义强调的“人民群众是历史的创造者”、坚持的“人民立场”“全心全意为人民服务”，恰好升华了中国传统的民本思想，这就为马克思主义在中国的传播和发展创造了有利条件。

又如，中华优秀传统文化推崇的“仁义礼智信”同马克思主义倡导的集体主义、奉献担当交相辉映。“仁义礼智信”统称“五常”，是中国封建社会最基本的道德原则和规范。其中，“仁”的核心是“爱人”，就是以人类最基本的血缘亲情之爱为起点，由此及彼、由近及远，把关爱的对象逐步扩大到所有生命和万物，由此建立起人对世界的普遍道德关怀。“义”是“宜”的意思，就是应该做的事情。从造字上看，“义”的繁体“義”本身就含有群我关系的因素。如果自己的言行符合群体的要求，就可称之为“义”。可见，“义”体现着一种超乎个人利益之上的道德准则，指的是合乎公益或正义的行为。“礼”最初是指祭神的仪式，后来引申为与人的身份地位相适应的行为规范和仪式制度，它所反映的不仅仅是表面上的一套规矩，更是表面规矩背后严肃的伦理道德。“智”是一种道德智慧，即区分善恶、辨别是非的能力，也就是孟子所说的人与生俱来的“是非之心”。“信”是先秦诸子普遍认可的一种美德，体现人的责任感和使命感，表现为讲信誉、守信用、重承诺、言行一致。

两千多年来，“五常”一直影响着中国人的国民性和道德生活，其外在反映的道德原则和规范同后来传入中国的马克思主义所倡导的为人民服务、集体主义等基本一致，这也为马克思主义在中国的传播和发展奠定了良好的社会基础。

还如，中华优秀传统文化推崇的“大一统”同马克思主义主张的共产党坚强领导和国家团结统一一脉相承。“大一统”是中华民族在五千多年发展中形成并传承下来的思想体系，是中华优秀传统文化在国家建构方面的基本要求。在上古时期的农业生产中，中华先民在客观上就需要一个强大的力量把分散的族群组织起来，以抵御洪水等自然灾害和外敌侵扰。夏商周都是早期的王国，其君主都是许多邦国及部落的共主，只是尚未实现“天下一统”。经历春秋战国时期的离乱纷争，诸子百家的共同主张是重建政治统一、恢复社会秩序，最后形成了“大一统”的理念。“大一统”的本意是要尊重周天子的一统天下，但后来被不断地提炼和升华，逐渐演变成了一种最具中华文明特质的政治秩序论、政治伦理论，主要内容包括以“尊王”为核心的政治一统、以帝国形成为目标的疆域一统、以“华夷一体”为宗旨的民族一统、以“崇礼”为统领的文化一统。自秦灭六国之后，中国就成为了一个统一的多民族的中央集权国家。

几千年来，中华各民族都深深懂得分则弱、合则强的道理，希望国家政权坚强有力、团结统一。这一传统同马克思主义主张的无产阶级革命必须由共产党领导，共产党必须坚强有力、必须能够维护国家团结统一是高度一致的，这也成为了马克思主义能够在中国落地生根的重要的思想文化基础。

可以说，正是中华优秀传统文化滋养了中国共产党领导下的中国革命、建设和改革事业的发展。随着中国特色社会主义进入新时代，中国面对的内部条件和外部环境都发生了深刻复杂的变化。在向第二个百年奋斗目标进军的新征程上，中国共产党统筹好中华民族伟大复兴战略全局和世界百年未有之大变局，还需要继续在马克思主义指导下，萃取中国优秀传统文化的精髓，深入挖掘并阐发其“讲仁爱、重民本、守诚信、崇正义、尚和合、求大同”的时代价值，凝神聚气，为全面建设社会主义现代化国家、实现中华民族伟大复兴的中国梦提供强大的内生力量。

正如习近平指出：“包括儒家思想在内的中国优秀传统文化中蕴藏着解决当代人类面临的难题的重要启示，比如，关于道法自然、天人合一的思想，关于天下为公、大同世界的思想，关于自强不息、厚德载物的思想，关于以民为本、安民富民乐民的思想，关于为政以德、政者正也的思想，关于‘苟日新，日日新，又日新’、革故鼎新、与时俱进的思想，关于脚踏实地、实事求是的思想，关于经世致用、知行合一、躬行实践的思想，关于集思广益、博施众利、群策群力的思想，关于仁者爱人、以德立人的思想，关于以诚待人、讲信修睦的思想，关于清廉从政、勤勉奉公的思想，关于俭约自守、力戒奢华的思想，关于中和、泰和、求同存异、和而不同、和谐相处的思想，关于安不忘危、存不忘亡、治不忘乱、居安思危的思想，等等。中国优秀传统文化的丰富哲学思想、人文精神、教化思想、道德理念等，可以为人们认识和改造世界提供有益启迪，可以为治国理政提供有益启示，也可以为道德建设提供有益启发。”[1] 这就是中华优秀传统文化的时代价值，也是在新时代增强中国特色社会主义理论自信的文化基础。

1　习近平：《在纪念孔子诞辰2565周年国际学术研讨会暨国际儒学联合会第五届会员大会开幕会上的讲话》，《人民日报》2014年9月25日。

第二章

中国理论的出发点是什么?

中国理论指导中国实践，中国实践创造中国奇迹，中国奇迹培植中国自信。这是从中国理论到中国自信的逻辑链条。按照这样的逻辑链条，中国共产党领导中国人民披荆斩棘、砥砺前行整整一百年了。一百年来，中国自信之所以越来越强烈，中国实践之所以创造出越来越多的中国奇迹，就在于中国理论之树常青。它能够扎根实践沃土，随着时代发展而发展，但又牢记初心使命，始终不忘自己的出发点：为人民谋幸福、为民族谋复兴、为世界谋大同。

一、为人民谋幸福

"今年是中国共产党成立100周年，我们党发展壮大起来不容易，夺取政权不容易，建设新中国不容易。老百姓衷心拥护中国共产党，就是因为中国共产党始终全心全意为人民服务、为各民族谋幸福。"[1]这是2021年6月习近平在青海考察时的一段论述，

1 《习近平在青海考察时强调：坚持以人民为中心深化改革开放，深入推进青藏高原生态保护和高质量发展》，《人民日报》2021年6月10日。

可以说是对中国共产党百年历史的深刻总结，是对党的性质宗旨的生动诠释，是对党的初心使命的高度概括。

中国人民是伟大的人民，在漫长的历史进程中依靠自己的勤劳和智慧，创造了在世界上领先的古代文明，为人类发展做出了重大贡献。从公元 170 年（东汉）到 1820 年间，中国的生产力总量在世界经济总量中一直占 1/4 到 1/3，中国的科学技术在世界上领先长达 14 个世纪以上。但是受制于生产力水平的整体低下和封建土地制度的根深蒂固，即使在所谓的“太平盛世”，广大劳动人民也一直生活在社会最底层，任凭统治阶级的剥削和压榨，一年到头的辛勤劳作也换不来衣食无忧的生活。如果遇上国家衰败、自然灾害、连年战乱，老百姓就更是流离失所、饿殍遍野，“朱门酒肉臭，路有冻死骨”的现象比比皆是。元朝诗人张养浩的名句——“兴，百姓苦；亡，百姓苦”，便是历代中国劳动人民生活状态的真实写照。进入近代以后，由于外国资本 – 帝国主义的入侵，灾难深重的中国人民头上，除了封建主义之外，又多出了帝国主义、官僚资本主义的重压，中国的广大人民尤其是农民，日益贫困化以致大量破产，过着饥寒交迫和毫无政治权利的生活，他们的贫困和不自由程度在世界上是少见的。

面对在水深火热中苦苦煎熬的亿万人民，深受中华优秀传统文化浸润的中国近代先进分子，怀“天下兴亡，匹夫有责”的社会责任感，抱“拯民于水火，解民于倒悬”的救世思想，以“等贵贱，均贫富”“天下大同”为目标，不屈不挠地上下求索。从太平天国到洋务运动，从戊戌变法到辛亥革命，一次又一次的尝试均以失败告终。直至十月革命一声炮响，茫然无措的中国人民发现了救国救民的新希望——马克思列宁主义。在马克思列宁主义同中国工人运动的结合中应运而生的中国共产党，一经成立就明确，要消灭社会的阶级区分，推翻资本家阶级的政权，实现社会主义、共产主义。当年轻的中国共产党人为着这个目标而深入到实际的工人运动中的时候，他们很快地发现，在半殖民地半封建的中国，人民迫切需要的不是立即进行社会主义革命，而是推翻国际帝国主义和国内封建军阀的反动统治，达到中华民族完全之独立，统一中国为真正的民主共和国。这就在实现共产主义的最终奋斗目标之下，制定出了现阶段反帝反封的民主革命纲领，亦即明确了中国共产党为中国人民谋幸福、为中华民族谋复兴的初心使命。

代表多数人还是少数人，是马克思主义政党与其他政党的根本区别。一百年来，中国共产党始终保持马克思主义政党的政治本色，坚持尊重社会发展规律和尊重人民历史主体地位的一致性，站在历史正确的一边，站在人类进步的一边，牢记初心使命，践行全心全意为人民服务的根本宗旨，与群众有福同享、有难同当，有盐同咸、无盐同淡，不断赢得人民信任、得到人民支持，推动中国革命、建设和改革事业向前发展。

新民主主义革命时期，中国共产党以武装的革命反对武装的反革命。在土地革命中，发动群众“打土豪，分田地”，满足了根据地人民对于土地的需求；在抗日战争中，团结全国人民，建立抗日民族统一战线，打败了日本侵略者，实现了人民对于民族独立的渴望；在解放战争中，依靠人民群众的大力支持，与国民党反动派展开殊死搏斗，最终取得胜利，实现了无产阶级和广大劳动人民的翻身解放。在 28 年的武装斗争中，可以查到的有名有姓的为中国革命而牺牲的共产党员 370 多万。也就是说，在这 1 万多个日子里，平均每天有 370 名共产党员牺牲！正是这样为了人民的利益而奋斗、而流血牺牲，人民群众才把“最后一块布做军装，最后一口饭做军粮，最后一个儿子送战场”，才筑成了红军时期的“铜墙铁壁”，汇成了抗日战争中的“汪洋大海”，用小车推出了淮海战役的胜利，用小船划出了渡江战役的胜利，最终使中国共产党赢得了新民主主义革命的胜利。正如 20 世纪 30 年代在陕北采访 4 个月写出《红星照耀中国》一书的美国著名记者埃德加・斯诺所说：中国共产党总能从大多数人民群众中汲取力量。也如在 1946 年出版的《中国的惊雷》一书中，美国记者白修德和贾安娜的评论：“中国共产党并不曾使用什么魔术，他们只不过知道人民所渴望的改变，而他们拥护这些改变。”

进入社会主义革命和建设时期，毛泽东一再强调："共产党就是要奋斗，就是要全心全意为人民服务，不要半心半意或者三分之二的心三分之二的意为人民服务。"[1]"我们是共产党，是要帮助人民的。如果不帮助人民，就是背叛马克思主义。……没有人民就会垮台。"[2]新中国成立后不久，即颁布并实施了《中华人民共和国土地改革法》，彻底摧毁了中国两千多年的封建剥削制度，使3亿多农民分到了约7亿亩土地和大批生产资料，继而又引导和帮助广大农民通过互助合作的方式走上了社会主义道路，在计划经济体制下开展大规模农田水利建设，发展农村基础教育和基本医疗事业，建立农村特困群体供养和救济制度，在中国历史上第一次大规模缓解了农村贫困问题。与此同时，在恢复国民经济、向社会主义过渡的基础上，开始探索国家工业化、现代化的道路。在探索中，尽管经历严重曲折，但还是建立了独立的比较完整的工业体系和国民经济体系，初步满足了占世界1/4人口的基本生活需求，中国人民以从未有过的昂扬姿态坚挺地站在了世界舞台上。

但是，由于国家实行工业化优先发展战略，由于城乡人口自然增长，由于农业生产体制上的弊端，至1976年左右，中国人

1 《毛泽东文集》第7卷，人民出版社1999年版，第285页。

2 《建国以来毛泽东文稿》第13册，中央文献出版社1998年版，第380页。

民的温饱问题尚未完全解决，国家还处于普遍贫穷状态。进入改革开放和社会主义现代化建设新时期，中国共产党通过正反两方面经验的总结，深刻认识到，贫穷不是社会主义，社会主义就是要消灭贫穷，逐步实现全体人民共同富裕。在中国特色社会主义的开创与接续发展中，从邓小平同志指出的“把人民拥护不拥护、赞成不赞成、高兴不高兴、答应不答应作为制定方针政策和做出决断的出发点和归宿”，到胡锦涛同志提出的“实现好、维护好、发展好最广大人民的根本利益”和“坚持权为民所用、情为民所系、利为民所谋”，中国共产党始终把人民装在心中，一以贯之、坚定不移地为人民谋幸福，在稳定解决 13 亿人口的温饱问题后，使人民生活总体上达到小康水平，进而开始全面建设小康社会，使中国人民在“站起来”的基础上“富起来”了。

但是，此时的“富”是就国家整体经济状况而言的。按照新的扶贫标准，2011 年中国仍有 1.22 亿贫困人口。相对于人民日益增长的美好生活需要，发展不平衡不充分问题愈加突出。2012 年党的十八大之后，习近平当选为中共中央总书记。他在十八届中央政治局常委同中外记者见面时指出：“我们的人民热爱生活，期盼有更好的教育、更稳定的工作、更满意的收入、更可靠的社会保障、更高水平的医疗卫生服务、更舒适的居住条件、更优美的环境，期盼孩子们能成长得更好、工作得更好、生活得更好。

人民对美好生活的向往，就是我们的奋斗目标。”[1] 锚定这个目标，党的十八大以来，以习近平同志为核心的党中央把全面建成小康社会放在“四个全面”战略布局的首位，把脱贫攻坚作为全面建成小康社会的底线任务和标志性指标。经过 8 年持续奋斗，现行标准下 9899 万农村贫困人口全部脱贫，832 个贫困县全部摘帽，12.8 万个贫困村全部出列，区域性整体贫困得到解决，完成消除绝对贫困的艰巨任务。同时，社会事业全面发展。2022 年，九年义务教育巩固率达到 95.5%，高等教育毛入学率达 59.6%，中国建成了世界上最大的社会保障体系，公共卫生和医疗保障能力水平大幅提高，新冠肺炎疫情防控取得重大决定性胜利，人民群众获得感、幸福感、安全感显著提升。

以抗击新冠肺炎疫情为例，疫情发生后，中国共产党和中国政府坚持人民至上、生命至上，迅速开展患者救治、全员检测、疫苗接种，不遗漏每一个感染者，不放弃每一个病患者，不惜一切代价维护人民生命安全和身体健康。从出生仅 30 多个小时的婴儿到 100 多岁的老人，每一个生命都得到全力护佑，发生的费用全部由国家承担。正如习近平指出：“为了保护人民生命安全，我们什么都可以豁得出来！”[2] 这就是中国共产党执政为民理念的

---

1 《习近平谈治国理政》第 1 卷，外文出版社 2018 年版，第 4 页。

2 习近平：《在全国抗击新冠肺炎疫情表彰大会上的讲话》，《人民日报》2020 年 9 月 8 日。

最好体现，也是为人民谋幸福出发点的最好体现！

“这么大一个国家，责任非常重、工作非常艰巨。我将无我，不负人民。我愿意做到一个‘无我’的状态，为中国的发展奉献自己。”[1] 这是 2019 年 3 月 22 日习近平在意大利访问期间的一番肺腑之言，彰显出中国共产党人民领袖的真挚情怀。1969 年，不满 16 岁的习近平来到陕西省延川县梁家河村插队。据他后来回忆，当时吃的是杂粮，住的是土窑，睡觉几乎就在跳蚤堆里。就是在这样艰苦的环境中，他最大的心愿是“让乡亲们饱餐一顿肉”。担任大队党支部书记后，他带领乡亲们打水井、修梯田、建沼气池。一年后，乡亲们吃不饱饭而外出逃荒的情形不见了。大学毕业后，他先是在中央军委工作，后来主动要求再次到基层、到群众中工作，“要像爱自己的父母那样爱老百姓，为老百姓谋利益，带老百姓奔好日子”。他说：“我愿意在任何地方为党和人民的事业贡献自己的一切。”

再后来，从福建到浙江到上海到中央，无论在哪个职位上，他都自觉地与群众想在一起、干在一起。2012 年 12 月，就任中共中央总书记一个多月，他冒着零下十几摄氏度的严寒，乘车 300 多公里来到太行山深处的河北省阜平县，走进农家，盘腿坐在土炕上，拉着乡亲的手，问生活得怎样。他说，看到老区一些

1　《习近平谈治国理政》第 3 卷，外文出版社 2020 年版，第 144 页。

乡亲生活还比较困难，“心情是沉重的”。担任总书记9年来，从人民大会堂到田间地头，从革命老区到改革开放前沿，从老北京胡同到“换了三种交通工具”才能到达的重庆山村……无论在哪里，人民始终是习近平心中最大的牵挂。他跟村干部聊怎么卖好土产白酒来促进农民增收，他帮忙做网店“带货员”，他到胡同里给快递小哥拜年，他操心小区的垃圾分类，他为降低中小学生的近视发生率出谋划策。

2021年7月1日，在庆祝中国共产党成立100周年大会上，习近平指出：“江山就是人民、人民就是江山，打江山、守江山，守的是人民的心。中国共产党根基在人民、血脉在人民、力量在人民。中国共产党始终代表最广大人民根本利益，与人民休戚与共、生死相依，没有任何自己特殊的利益，从来不代表任何利益集团、任何权势团体、任何特权阶层的利益。”[1]如此铿锵有力的话语，就是对中国共产党为人民谋幸福的出发点的最好诠释。谁能代表人民利益，全心全意为人民服务，人民就拥护谁、跟谁走。一百年来，中国共产党人用自己的真诚、热血、实干，用自己的先锋模范作用和与人民群众的血肉联系，带领人民创造了实实在在的幸福生活，从而感动了人民，也赢得了人民，这就是中国自

1　习近平：《在庆祝中国共产党成立一百周年大会上的讲话》，《人民日报》2021年7月2日。

信的理论逻辑。

二、为民族谋复兴

只有创造过辉煌的民族，才懂得复兴的意义；只有历经过苦难的民族，才对复兴有着深切的渴望。2012 年 11 月 29 日，刚刚就任中共中央总书记的习近平率领十八届中央政治局常委参观《复兴之路》展览时指出：“《复兴之路》这个展览，回顾了中华民族的昨天，展示了中华民族的今天，宣示了中华民族的明天，给人以深刻教育和启示。中华民族的昨天，可以说是‘雄关漫道真如铁’。近代以后，中华民族遭受的苦难之重、付出的牺牲之大，在世界历史上都是罕见的。但是，中国人民从不屈服，不断奋起抗争，终于掌握了自己的命运，开始了建设自己国家的伟大进程，充分展示了以爱国主义为核心的伟大民族精神。中华民族的今天，正可谓‘人间正道是沧桑’。改革开放以来，我们总结历史经验，不断艰辛探索，终于找到了实现中华民族伟大复兴的正确道路，取得了举世瞩目的成果。这条道路就是中国特色社会主义。中华民族的明天，可以说是‘长风破浪会有时’。经过鸦片战争以来 180 多年的持续奋斗，中华民族伟大复兴展现出光明的前景。现在，我们比历史上任何时期都更加接近中华民族伟大复兴的目标，比历史上任何时期都有信心、有能力实现这个目标。”[1]

中华民族是一个勤劳、勇敢、智慧、善良、具有伟大创造力的民族。早在公元前 2500 多年，中国人就开始了仰观天文、俯瞰地理的活动，逐渐形成了天人合一的宇宙观。古代中国在天文历法、地学、数学、农学、医学和人文科学的许多领域，都做出过独特贡献，产生过许多杰出的科学家、思想家、政治家和文学艺术家，在人类文明发展史上书写下了光辉篇章。历史上先后出现的文景之治、贞观之治、康乾盛世等，都充分彰显了古代中国经济社会发展的繁荣景象和科技文化创新的博大智慧。据英国自然科学史专家李约瑟考证：“在人类了解自然和控制自然方面，中国人是有过贡献的，而且贡献是伟大的。”“中国人的发明就多了，这些发明在公元 1 世纪到 18 世纪期间先后传到了欧洲和其他地区……所有这些例子有一个共同之点，就是它们在中国应用的时期，确实早于它们在世界其他部分出现的时期。有时甚至要早得多。”[2] 只是到 17 世纪中叶以后，西方一些国家因相继爆发资产阶级革命并完成工业革命，在新的生产方式推动下迅速强大起来了，开始在全球范围内加紧进行侵略扩张和殖民掠夺。幅员辽阔、资源丰富、人口众多的中国，自然成了它们垂涎和争夺

1 《习近平谈治国理政》第 1 卷，外文出版社 2018 年版，第 35–36 页。

2 李约瑟：《中国科学技术史》第 1 卷第 1 分册，科学出版社 1975 年版，第 18 页；第 1 卷第 2 分册，第 546–547 页。

的对象。但是，自诩为“天朝上国”的清王朝对此却茫然不知，仍将中国以外的国家一概视为“夷狄蛮貊”，把西方先进的科学技术一概斥为“奇技淫巧”。自身经济、政治、军事、科技、文化的全面滞后，再加上虚骄、傲慢、冥顽不化，“落后就要挨打”的厄运就再也逃脱不掉了。

以 1840 年的鸦片战争为起点，西方侵略者纷至沓来，一次又一次穷凶极恶地发动对中国的战争，迫使清政府妥协就范，把独立的封建的中国一步步地变成半殖民地半封建的中国。从 1840 年至 1919 年的近 80 年中，西方资本－帝国主义国家对中国的侵略，仅大的战争就有：1840 年至 1842 年英国的侵略，即第一次鸦片战争；1856 年至 1860 年英国、法国的联合侵略，即第二次鸦片战争；1883 年至 1885 年法国的侵略，即中法战争；1894 年至 1895 年日本的侵略，即甲午战争；1900 年英国、德国、沙俄、法国、美国、日本、意大利、奥匈帝国的联合侵略，即八国联军侵华战争；1903 年至 1905 年英国侵略西藏的战争；1904 年至 1905 年日本、俄国为争夺中国东北，在中国领土上进行的日俄战争。每次战争，都是入侵者对中国人民血腥屠杀，都有数以十万、百万计的中国人被直接杀害或死于颠沛流离；每次战争，都是入侵者对中国人民财产和国家财富的疯狂洗劫，仅英法联军的一把大火就把中国皇家园林的精华——圆明园毁于一旦，把园藏历代文化珍宝洗劫一空；每次战争，都是入侵者强迫中国签订不平等条约，凭借这些条约，它们侵吞了中国 300 多万平方公里的领土，还在大小城市设立了近 30 个租界；每次战争，都是入侵者对中国的强盗式勒索，从《南京条约》到《辛丑条约》，主要赔款就有 8 次之多，数额高达 10 亿两白银。

“四万万人齐下泪，天涯何处是神州？”谭嗣同的诗句喊出了那个时代中国有识之士的悲恸与愤慨。亲身经历甲午战败那段历史的吴玉章后来回忆说：“我还记得甲午战败的消息传到我家乡的时候，我和我的二哥（吴永锟）曾经痛哭不止。”“这真是空前未有的亡国条约！它使全中国都为之震动。”“条约又订得那样苛，这是多么大的耻辱啊！”[1]

面对亡国灭种的奇耻大辱，中华优秀传统文化所铸就的以爱国主义为核心的民族精神和自强不息、百折不挠的英雄气概，成为了近代以来先进的中国人奋起抗争、救亡图存的精神支柱和力量源泉。从此，实现中华民族伟大复兴就成为了中国人民和中华民族最伟大的梦想，成为了近代以来中国全部历史的主题。

试图实现“天下一家、共享太平”的太平天国农民起义，席卷大半个中国，有力打击了封建统治阶级和外国侵略势力，撼动了清政府的统治根基，但正如马克思所说：“他们吵吵嚷嚷煞有

1 《吴玉章文集》下卷，重庆出版社 1987 年版，第 955 页。

介事地闹了 10 年，结果是破坏了一切，而什么也没建设起来。”[1] 试图实现“自强求富”的洋务运动，为维护封建政权“师夷长技以制夷”，引进西方先进的武器装备和科学技术，但安庆军械所也好，马尾军港也好，北洋水师也好，无不折戟沉沙、灰飞烟灭。试图“维新自救”的戊戌变法，为挽回封建王朝的衰败局势，从公车上书到君主立宪，从时务学堂到强学会，从废八股到兴西学，资产阶级改良运动搞得轰轰烈烈，但维新运动仅仅百日就喟然夭折，六君子喋血法场。喊出“振兴中华”口号的孙中山，领导辛亥革命推翻了清王朝统治，建立了中华民国，结束了中国两千多年的封建君主专制制度，但革命果实很快被北洋军阀窃取，“无量头颅无量血，可怜购得假共和”。

就这样，各种力量前仆后继，各种方案轮番试验，但最后均以失败告终。究竟谁能承担起救亡图存、民族复兴的光荣使命？历史呼唤着真心英雄，民族复兴需要一个全新的核心领导力量。中国共产党一经诞生，就毅然决然地担负起这一历史重任，在二大通过的宣言中即明确阐发，中国革命的性质是民主主义革命，革命的任务和目标是打倒军阀，推翻国际帝国主义的压迫，实现中华民族的独立和中国的统一，革命的前途是向社会主义革命转变。

---

1 《马克思恩格斯论中国》，人民出版社 2018 年版，第 123 页。

新民主主义革命初期，针对“红旗到底打得多久”的疑问，毛泽东充满诗意地指出，中国革命高潮快要到来，“它是站在海岸遥望海中已经看得见桅杆尖头了的一只航船，它是立于高山之巅远看东方已见光芒四射喷薄欲出的一轮朝日，它是躁动于母腹中的快要成熟了的一个婴儿”[1]。曾记得，南昌城头，打响武装反抗国民党反动统治的第一枪；井冈山上，擘画农村包围城市、武装夺取政权的革命新道路；遵义会议，开启独立自主解决中国革命实际问题的新阶段；全民族抗战，实现中华民族的巨大觉醒和空前团结，取得近代以来反抗外敌入侵的第一次完全胜利；解放战争，埋葬蒋家王朝，建立新中国，基本完成近代以来争取民族独立、人民解放的历史任务。28 年浴血奋战，“为有牺牲多壮志，敢叫日月换新天”，为实现中华民族伟大复兴创造了根本社会条件。中国共产党和中国人民以英勇顽强的奋斗向世界庄严宣告，中国人民从此站起来了，中华民族任人宰割、饱受欺凌的时代一去不复返了，中国发展从此开辟了新纪元！

新中国成立初期，面对“中共的胜利将不过是昙花一现”的断言，面对国民党残留下来的污泥浊水和大量匪特，面对鸭绿江对岸美国点燃的熊熊战火，面对帝国主义、霸权主义的经济封锁和军事威胁，面对满目萧条、百废待兴的“一张白纸”，面对“用

1 《毛泽东选集》第 1 卷，人民出版社 1991 年版，第 106 页。

糖衣裹着的炮弹的攻击”，毛泽东豪迈地正告世人：“多少一点困难怕什么。封锁吧，封锁十年八年，中国的一切问题都解决了。中国人死都不怕，还怕困难吗？”[1] 正是在这种不怕困难、不畏强敌，自力更生、改天换地的精神鼓舞下，从抗美援朝、保家卫国到开展“三反”“五反”运动，从实施第一个五年计划到进行社会主义改造，从确立社会主义基本制度到展开全面社会主义建设，中国人民于险境中谋生存、于逆境中求发展、于困境中促崛起。这是激情燃烧的岁月，这是凯歌嘹亮的时代！艰辛的探索、伟大的成就，为实现中华民族伟大复兴奠定了根本政治前提和制度基础。中国共产党和中国人民以英勇顽强的奋斗向世界庄严宣告，中国人民不但善于破坏一个旧世界，也善于建设一个新世界，只有社会主义才能救中国，只有社会主义才能发展中国！

改革开放初期，国外有媒体认为，“能让一个人口众多的民族在极短时间内来个 180 度大转弯，就如同让航空母舰在硬币上转圈”。邓小平坚定自信地指出：“首先是解放思想。只有思想解放了，我们才能正确地以马列主义、毛泽东思想为指导，解决过去遗留的问题，解决新出现的一系列问题，正确地改革同生产力迅速发展不相适应的生产关系和上层建筑。”[2] 从小岗村村民签

1　《毛泽东选集》第 4 卷，人民出版社 1991 年版，第 1496 页。

2　《邓小平文选》第 2 卷，人民出版社 1994 年版，第 121 页。

下包干到户合同书到家庭联产承包责任制普遍实行，从上海宝山钢铁厂打下第一桩到深圳、珠海、汕头、厦门经济特区相继成立，从粮票、油票退出历史舞台到冰箱、电视、洗衣机走进寻常百姓家，从三峡工程、南水北调工程建成通水到载人航天、探月工程实现重大突破，从城乡免费义务教育全面实现到农业税全面取消……党的十一届三中全会实现的伟大历史转折，铺开了一条中国特色社会主义道路，成就了一次改变中国、影响世界的浩荡进军，为实现中华民族伟大复兴提供了充满新的活力的体制保证和快速发展的物质条件。中国共产党和中国人民以英勇顽强的奋斗向世界庄严宣告，改革开放是决定当代中国前途命运的关键一招，中国特色社会主义道路是指引中国发展繁荣的正确道路，中国大踏步赶上了时代。

随着中国特色社会主义进入新时代，面对中华民族伟大复兴战略全局和世界百年未有之大变局，面对国内外环境正在发生的极为广泛而深刻的变化，习近平站在新的历史起点上，以强烈的使命担当，向世界做出庄严宣告："我们的责任就是要团结带领全国各族人民接过历史的接力棒，继续为实现中华民族伟大复兴而奋斗，使中华民族更加坚强有力地自立于世界民族之林，为人类做出新的更大的贡献。"[1]党的十八大以来，以习近平同志为主

1 《习近平谈治国理政》第 1 卷，外文出版社 2018 年版，第 3 页。

要代表的当代中国共产党人不负人民，以“不获全胜决不收兵”的责任担当，打赢脱贫攻坚战，让中华民族彻底告别了绝对贫困，让中国人民全面实现了千年小康梦想；临危不惧，以超凡的勇毅和智慧，带领人民万众一心，战胜一系列风险挑战，新冠肺炎疫情防控取得重大决定性胜利；刀刃向内，以“得罪千百人，不负十三亿”的果敢决绝，深入推进全面从严治党，展开了新中国历史上、中国共产党历史上空前的反腐败斗争并取得压倒性胜利；放眼未来，以谋定长远的战略眼光，适应把握引领经济发展新常态，提出新发展理念，构建新发展格局，推动高质量发展；面向世界，以兼济天下的宽广胸怀，弘扬全人类共同价值，推动构建人类命运共同体，给出了“人类向何处去”的中国答案。“风雨无阻向前进”，在新时代党和国家事业取得的历史性成就、发生的历史性变革，为实现中华民族伟大复兴提供了更为完善的制度保证、更为坚实的物质基础、更为主动的精神力量。中国共产党和中国人民以英勇顽强的奋斗向世界庄严宣告，中华民族迎来了从“站起来”“富起来”到“强起来”的伟大飞跃，实现中华民族伟大复兴进入了不可逆转的历史进程！

于高山之巅，方见大河奔涌；于群峰之上，更觉长风浩荡。一百年来，多少枪林弹雨的战斗，多少壮怀激烈的牺牲，多少上下求索的追寻，多少千难万险的跋涉，多少执着坚定的前行……

中国共产党人为了民族独立、人民解放，为了国家富强、人民幸福，前赴后继、勇往直前，成就了昭如日月的伟业，谱写了震古烁今的史诗，迎来了中华民族伟大复兴光焰万丈的日出。

三、为世界谋大同

中国共产党是以马克思主义为指导的党，而马克思主义博大精深，归根到底就是一句话，为人类求解放。在《共产党宣言》中，马克思和恩格斯就形象描绘了“自由人联合体”这一全人类互相联合，不分彼此，自由发展，人与自然、人与社会和谐共生的理想社会图景。同时，中国共产党是植根中国大地的党，中华优秀传统文化中“家国天下”“协和万邦”“四海之内皆兄弟”等思想也为其成长和发展提供了丰腴土壤。这样，在马克思主义指导下，延续中华民族千年文脉，中国共产党既是为中国人民谋幸福、为中华民族谋复兴的党，也是为世界谋大同、为人类进步事业而奋斗的党。

中国共产党一经成立，在其第一个纲领中就明确提出了联合共产国际，实现社会主义、共产主义的奋斗目标。在此后一百年的奋斗中，中国共产党始终弘扬马克思主义的国际主义精神，始终坚持和平、发展、公平、正义、民主、自由的全人类共同价值，始终站在历史正确的一边，站在人类进步的一边，不断为世界和平与发展做出中国贡献，为解决人类共同问题提供中国方案，为建设美好世界发挥中国作用。

1925 年，在俄国十月革命胜利、第三国际（共产国际）成立、中国大革命正值高潮的背景下，毛泽东提出，当时世界存在革命与反革命两大势力，“这两大势力竖起了两面大旗：一面是红色的革命的大旗，第三国际高举着，号召全世界一切被压迫阶级集合于其旗帜之下；一面是白色的反革命的大旗，国际联盟高举着，号召全世界一切反革命分子集合于其旗帜之下”[1]。中国共产党站在红色的革命的大旗之下，同世界一切被压迫阶级战斗在一起。抗日战争爆发后，在民族危机空前严重的形势下，毛泽东提出“中国的抗日民族统一战线和世界的和平阵线相结合”[2]的战略思想。据此，中国共产党在第二次世界大战的东方主战场，为世界反法西斯战争最后胜利做出了重大贡献。及至新民主主义革命胜利、中华人民共和国成立，半殖民地半封建社会的中国冲破了帝国主义的东方战线，深刻改变了世界政治力量对比，极大促进了许多类似中国这样的备受帝国主义、殖民主义压迫的国家和民族的觉醒，提振了它们为实现国家独立、民族解放而斗争的勇气、热情

1　《毛泽东选集》第 1 卷，人民出版社 1991 年版，第 4 页。
2　《毛泽东选集》第 1 卷，人民出版社 1991 年版，第 253 页。

和信心。

进入社会主义建设时期，毛泽东更加明确地提出：“中国是一个具有九百六十万平方公里土地和六万万人口的国家，中国应当对于人类有较大的贡献。”[1] 当时，尽管中国的经济条件还很有限，但仍然义无反顾地支持和帮助第三世界国家的独立、解放和发展。20 世纪 60 年代中期，在同美苏两个超级大国对抗的过程中，毛泽东及时提出“两个中间地带”的理论。他把美苏之外的国家和地区划分为两部分，“一部分是指亚洲、非洲和拉丁美洲的广大经济落后的国家，一部分是指以欧洲为代表的帝国主义国家和发达的资本主义国家”，由于“这两部分都反对美国的控制。在东欧各国则发生反对苏联控制的问题”[2]，这就主导建立了世界范围内的反帝反霸统一战线。

到 20 世纪 70 年代，毛泽东进一步提出“三个世界”的理论。他把美国、苏联看作第一世界，把日本、欧洲、澳大利亚、加拿大等发达的资本主义国家看作第二世界，把除了日本的亚洲和整个非洲、拉丁美洲看作第三世界，“希望第三世界团结起来”，共同反对霸权主义，维护世界和平。在此期间，对于争取民族解放、维护国家独立的亚非拉国家，中国提供了大量的经济援助。1949 年 10 月到 1957 年底，中国对外援助金额达到 21 亿元。1970 年，

1 《毛泽东文集》第 7 卷，人民出版社 1999 年版，第 156—157 页。

2 《毛泽东文集》第 8 卷，人民出版社 1999 年版，第 441 页。

中国签订的对外援助协定总额达到53.68亿元，实际交付24.34亿元。整个20世纪70年代，中国在46个国家援助建成了560个项目，其中最典型的就是坦赞铁路。5万多名中国工程技术人员不畏艰难、远渡重洋，帮助坦桑尼亚、赞比亚修建这条“自由之路”，60多名中国专家将生命永远留在了非洲大陆。

改革开放以后，邓小平敏锐地把握了国际形势的重大变化，提出和平与发展是时代主题的重要政治论断，强调“所谓四个现代化，就是要改变中国贫穷落后的面貌，不但使人民生活水平逐步有所提高，也要使中国在国际事务中能够恢复符合自己情况的地位，对人类做出比较多的一点贡献”[1]。事实一再证明，作为全球人口最多的国家和世界上最大的发展中国家，中国摆脱贫困、全面建设小康社会，本身就是对世界和平与发展的重大贡献。特别是在20世纪80年代末和90年代初，东欧剧变、苏联解体，马克思主义遭遇前所未有的危机，世界社会主义运动陷入低潮。在此历史关头，中国共产党坚定不移走中国特色社会主义道路，在改革开放的伟大征程中取得举世瞩目的伟大成就，彰显了社会主义的制度优势，为世界社会主义运动的复兴和发展奠定了基础。

20世纪末，以江泽民为主要代表的中国共产党人科学把握两极格局终结和世界格局多极化的态势，提出“建立公正合理的

---

1 《邓小平文选》第2卷，人民出版社1994年版，第237页。

国际政治经济新秩序”的主张，为创造世界美好未来贡献了中国智慧。21 世纪初，面对全球传统安全威胁因素和非传统安全威胁因素相互交织的复杂形势，以胡锦涛为主要代表的中国共产党人提出“建设一个持久和平、共同繁荣的和谐世界”的主张，为推动世界和平发展注入了中国动力。

2013 年 3 月 19 日，刚刚当选中国国家主席的习近平，面对金砖国家媒体的联合采访，自信而亲切地回答：“中国人是讲爱国主义的，同时我们也是具有国际视野和国际胸怀的。随着国力不断增强，中国将在力所能及的范围内承担更多国际责任和义务，为人类和平与发展的崇高事业做出更大贡献。”[1] 几天后，他以国家元首的身份首次出访，在莫斯科国际关系学院同世界分享了自己的思索：“这个世界，各国相互联系、相互依存的程度空前加深，人类生活在同一个地球村里，生活在历史和现实交汇的同一个时空里，越来越成为你中有我、我中有你的命运共同体。”[2] 这就是面对世界百年未有之大变局，中国共产党人对“如何既办好自己的事情，又为世界做出更大贡献”这一问题做出的回答。

十多年来，从亚洲到欧洲，从非洲到拉美，从联合国总部到

---

1 《习近平接受金砖国家媒体联合采访》，《人民日报》2013 年 3 月 20 日。

2 习近平：《论坚持推动构建人类命运共同体》，中央文献出版社 2018 年版，第 5 页。

达沃斯小镇……习近平出访 40 多次，足迹遍及五大洲 70 多个国家；从北京雁栖湖畔到杭州西子湖畔，从厦门东海之滨到青岛黄海之滨……中国的重大主场外交接连举行。由此，中国建立起了覆盖全球的伙伴关系网络，向世界发出了构建人类命运共同体的时代强音。在共同挑战面前，中国倡议共建“一带一路”、发起成立亚洲基础设施投资银行、推动世界政党对话和文明交流互鉴、以“云外交”引领团结抗疫……中国方案、中国行动，让世界看到了中国“大的样子”。

顺着时光的隧道往前看。1979 年至 2020 年，中国国内生产总值年均增长 9.2%，远高于同期 2.7% 的世界经济平均增长水平，增长速度和持续时间在世界范围内名列前茅。自 2006 年起，中国连续 17 年成为世界经济增长的最大贡献国，平均贡献率超过 30%。2008 年，全球遭遇严重金融危机，世界经济受到重创，中国采取一系列行之有效的应对措施，经济迅速回升向好并持续保持中高速增长，成为世界经济增长的主要稳定器和动力源。新冠肺炎疫情发生后，中国率先控制疫情，率先复工复产，率先实现经济增长由负转正，再次成为拉动全球贸易和经济复苏的重要引擎。同时，中国的科技创新为其他国家人民生产生活带来诸多便利，为世界经济增长提供了新动能。中国用占全球 9% 的耕地养活了占世界近 20% 的人口，而且满足了高质量、多样化的农产品消费需求。中国大力加强生态环境治理，是世界生态文明建设的重要力量，20 多年来新增植被覆盖面积约占全球新增总量的 25%，贡献占比居全球之首。中国积极推进绿色低碳发展，承诺力争 2030 年前实现碳达峰、2060 年前实现碳中和，这意味着中国将完成全球最大的碳排放强度降幅，用全球历史上最短的时间实现从碳达峰到碳中和。所有这些，既满足了中国人民对美好生活的向往，也为世界的共同繁荣发展做出了中国贡献。

聚焦到一点，这样的一幕令人难忘。2020 年 3 月 21 日夜，塞尔维亚总统武契奇在贝尔格莱德的尼古拉·特斯拉机场迎风肃立，翘首以盼中国援塞医疗专家和抗疫物资的抵达。当中国专家走下飞机舷梯时，武契奇情不自禁地为五星红旗献上一吻，在随后的讲话中眼含热泪地说："感谢习近平主席！感谢中国共产党！感谢中国人民！"时光回溯到 2016 年 6 月 19 日，正在塞尔维亚访问的中国国家主席习近平专程来到两国共建"一带一路"项目——斯梅代雷沃钢厂。该钢厂曾被誉为"塞尔维亚的骄傲"，但在国际经济形势剧变的冲击下，一度濒临倒闭。为了挽救这座百年钢厂，时任总理武契奇不知熬了多少夜，但希望都变成失望。2016 年 4 月，中国河钢集团的一笔投资，终于让 5000 名面临失业的工人看到了曙光。这次习近平来到钢厂，如同来到一片热情的海洋。他对饱含期待的工人说："我们承诺的事情，包括引进先进技术、开拓更广阔市场、保障当地就业、惠及广大民生，一定要做到。"话音未落，掌声如雷……类似的故事不胜枚举。

在中国特色社会主义新时代，在国际力量对比的深刻调整中，纵使单边主义、保护主义、霸权主义、强权政治的逆流惊涛拍岸，中国共产党始终坚持胸怀天下，把握时代发展潮流、引领人类进步大势、顺应人民共同期待，在不断提升综合国力的同时，更好地担负起大国责任。比如，面对变幻莫测的国际形势，始终高举和平、发展、合作、共赢的旗帜，在不确定性中营造确定性，走出一条共建、共享、共赢、共护的安全新路；面对西方的结盟机制和排他性安全观，主张共同、综合、合作、可持续的总体安全观，营造公道正义、共建共享的安全格局；面对大国必战、国强必霸的西方逻辑，倡导不冲突、不对抗、相互尊重、合作共赢的新型大国关系，为谋划 21 世纪新兴大国与守成大国的关系做出新的设计；面对广大发展中国家走向现代化的共同追求，以中国式现代化道路的成功开辟，拓展了发展中国家走向现代化的途径，给世界上那些既希望加快发展又希望保持自身独立性的国家和民族提供了全新选择，注入了信心和底气。总之，在变革的世界中，中国共产党和中国人民已经向着未来做出庄严宣告："世界命运握在各国人民手中，人类前途系于各国人民的抉择。中国人民愿同各国人民一道，推动人类命运共同体建设，共同创造人类的美好未来！”[1]

1 《习近平谈治国理政》第 3 卷，外文出版社 2020 年版，第 47 页。

第三章

中国理论的主要方面有哪些？

不谋全局者，不足谋一域。中国特色社会主义是全面发展的社会主义。经济建设、政治建设、文化建设、社会建设、生态文明建设“五位一体”总体布局，构筑起中国理论的主要方面。作为一个有机整体，“五位一体”各方面相互联系、相互促进，就像纵横全图的经纬线，勾勒出富强民主文明和谐美丽的社会主义现代化强国的壮美景象。

一、经济建设：坚持发展是解决一切问题的基础和关键

一切人类历史的第一个前提无疑是有生命的个人的存在。人类要生存繁衍、要追求美好生活、要获得自身的解放和发展，首先需要解决的是衣食住行等物质生活资料问题。这样，利用自然、改造自然、从中获取物质生活资料的生产力就成了人类社会生活和全部历史的基础。

马克思、恩格斯在《共产党宣言》中就明确提出，无产阶级

在夺取政权后，“应当尽可能快地增加生产力的总量”[1]，即要大力发展生产力。中国共产党是以马克思主义为指导的党，一经诞生就把为中国人民谋幸福、为中华民族谋复兴确立为自己的初心使命。经过28年艰苦卓绝的革命战争，赢得了民族独立、人民解放。但在1949年中华人民共和国成立的时候，国内仍然是经济凋敝、民不聊生，当时人均国民收入仅有27美元。山河需重整，百废正待兴。为了促进经济社会发展，实现国家富强、人民幸福，中国共产党带领中国人民迅速医治战争创伤、恢复国民经济，进而创造性地进行了社会主义改造，建立了社会主义基本制度。

然而，与马克思、恩格斯早年设想的建立在发达资本主义之上的社会主义很不一样，中国是在经济文化落后的情况下开始建设自己的社会主义的，当时的生产力发展水平还很低，商品经济还很不发达。正如毛泽东指出:“我国的社会主义制度还刚刚建立，还没有完全建成，还不完全巩固。”[2]他把社会主义分为两个阶段，“第一个阶段是不发达的社会主义，第二个阶段是比较发达的社会主义”，并认为“后一阶段可能比前一个阶段需要更长的时间”[3]。就此，以毛泽东为主要代表的中国共产党人就开始探索如何在中

1　《马克思恩格斯选集》第1卷，人民出版社2012年版，第421页。

2　《毛泽东文集》第7卷，人民出版社1999年版，第214页。

3　《毛泽东文集》第8卷，人民出版社1999年版，第116页。

国这个“不发达的社会主义”国家建设社会主义的问题，明确提出“要安下心来，使我们可以建设我们国家现代化的工业、现代化的农业、现代化的科学文化和现代化的国防”[1]。尽管探索的过程历经艰辛，但还是初步建立了独立的比较完整的工业体系和国民经济体系，为在后来的改革开放中开创中国特色社会主义提供了坚实的宝贵经验、理论准备和物质基础。

党的十一届三中全会后，随着党和国家工作重心转移，中国开启了改革开放的伟大实践。基于对新中国成立以来正反两方面历史经验和改革开放以来新的实践经验的深刻总结，中国共产党对中国社会主义所处的历史阶段做出了新的判断，认为“社会主义本身是共产主义的初级阶段，而我们中国又处在社会主义的初级阶段，就是不发达的阶段”[2]。在这个“至少需要上百年”的社会主义初级阶段，中国要去实现别的许多国家在资本主义条件下实现的工业化和生产的商品化、社会化、现代化。这就准确把握了当代中国的基本国情，明确界定了当时中国社会的主要矛盾——人民日益增长的物质文化需要同落后的社会生产之间的矛盾。为了解决这一社会主要矛盾，中国就必须坚持以经济建设为中心，大力解放生产力、发展生产力。

1　《毛泽东文集》第 8 卷，人民出版社 1999 年版，第 162 页。

2　《邓小平文选》第 3 卷，人民出版社 1993 年版，第 252 页。

解放生产力、发展生产力，首先需要对束缚生产力的经济体制、政治体制和其他各方面的体制进行改革。其中，经济体制改革是中心环节。在改革开放后的很长一个时期内，如何正确认识并处理计划和市场的关系问题，成为了经济体制改革的核心问题。传统观念认为，计划经济是社会主义的基本特征，市场经济是资本主义特有的东西。但是随着改革开放的不断深入，经济运行中计划和市场的矛盾愈益凸显、必须解决。1992 年，邓小平在著名的南方谈话中破天荒地指出："计划多一点还是市场多一点，不是社会主义与资本主义的本质区别。计划经济不等于社会主义，资本主义也有计划；市场经济不等于资本主义，社会主义也有市场。计划和市场都是经济手段。"[1] 这从根本上解除了把计划经济和市场经济看作社会基本制度范畴的思想束缚。

进而，中国共产党明确了中国经济体制改革的目标是建立社会主义市场经济体制，使市场在国家宏观调控下对资源配置中的基础性作用，既发挥市场经济的长处，又发挥社会主义制度的优越性。而要建立社会主义市场经济体制，就必须坚持以公有制为主体、多种所有制经济共同发展，毫不动摇地巩固和发展公有制经济，毫不动摇地鼓励、支持和引导非公有制经济发展，明确个体、私营等各种形式的非公有制经济都是社会主义市场经济的重要组

1　《邓小平文选》第 3 卷，人民出版社 1993 年版，第 373 页。

成部分。由这样的所有制结构所决定，中国在分配领域必然实行按劳分配为主体、多种分配方式并存的分配制度，既反对平均主义，又防止收入悬殊。这样的社会主义基本经济制度，同社会主义初级阶段的生产力发展水平相适应，体现了社会主义制度的优越性和中国的实际情况，是中国共产党和中国人民的伟大创造。

党的十八大以后，中国特色社会主义进入了新时代，这是中国发展新的历史方位。对于中国来说，经过新中国成立以来特别是改革开放以来的持续健康快速发展，已经发生了翻天覆地的伟大变化。新时代的中国，已经是世界第二大经济体、第一大工业国、第一大货物贸易国、第一大外汇储备国，对世界经济增长的贡献率达到 30% 以上。但同时，由于一些地方和部门尚存在片面追求速度和规模、发展方式粗放等问题，再加上国际金融危机后世界经济持续低迷的影响，中国经济的结构性、体制性矛盾不断积累，发展的不平衡、不协调、不可持续问题十分突出。在这种情况下，中国共产党提出，中国经济发展进入新常态，由追求高速度增长转变为追求高质量发展。

追求高质量发展，必须坚持加强中国共产党对经济工作的集中统一领导。在党的十八大闭幕之后的第一次中央经济工作会议上，习近平就明确提出："发展是党执政兴国的第一要务，作为执政党，我们必须切实加强党对经济工作的领导。中央政治局、中央政治局常委会要经常审议关系经济社会发展全局的重大问题。中央财经领导小组要在中央政治局、中央政治局常委会领导下，研究确定经济社会发展和改革开放的重要方针和政策，研究提出处理重大财经问题、重大生产力布局、重大建设项目的原则和措施。各级党委要加强对本地区经济工作的领导，把握客观规律，结合地方实际，把中央决策部署落到实处。”[1]这些年来，正是坚持和完善了中国共产党对经济工作领导的体制机制，党中央在科学分析、准确把握经济发展大局大势的基础上，及时制定重大方针、做出重大决策、部署重大工作，保证了中国经济的高质量发展不断取得新的成效，使中国在全面建成小康社会、实现第一个百年奋斗目标之后，开启了全面建设社会主义现代化国家、向第二个百年奋斗目标进军新征程。

中国共产党领导经济工作，必须坚持以人民为中心的发展思想，用新发展理念统领发展全局。2012 年 11 月 15 日，刚刚当选中共中央总书记的习近平指出：“我们党领导人民全面建设小康社会，进行改革开放和社会主义现代化建设的根本目的，就是要通过发展社会生产力，不断提高人民物质文化生活水平，促进人的全面发展。检验我们一切工作的成效，最终都要看人民是否

1　《习近平关于社会主义经济建设论述摘编》，中央文献出版社 2017 年版，第 315 页。

真正得到了实惠，人民生活是否真正得到了改善，这是坚持立党为公、执政为民的本质要求，是党和人民事业不断发展的重要保证。”[1] 在新常态下，怎样发展社会生产力、实现以人民为中心的发展？中国共产党在深刻总结国内外发展经验教训的基础上，针对中国发展中的突出矛盾和问题，提出创新、协调、绿色、开放、共享的新发展理念，以此来统领经济社会发展全局。

其中，创新发展主要解决的是发展动力问题，重在把创新摆在国家发展全局的核心位置，让创新贯穿国家一切工作、在社会蔚然成风；协调发展主要解决的是发展不平衡问题，重在促进城乡区域协调发展、经济社会协调发展，在增强国家硬实力的同时，提升国家软实力；绿色发展主要解决的是人与自然和谐问题，重在坚持可持续发展，建设资源节约型和环境友好型社会，为全球生态安全做出新贡献；开放发展主要解决的是发展内外联动问题，重在发展更高层次的开放型经济，积极参与全球经济治理和公共产品供给，构建广泛的利益共同体；共享发展主要解决的是社会公平正义问题，重在发展为了人民、发展依靠人民、发展成果由人民共享，使全体人民朝着共同富裕方向稳步前进。党的十八大以来，中国各地区各部门都把新发展理念作为指挥棒、红绿灯，

---

1 《习近平关于社会主义经济建设论述摘编》，中央文献出版社 2017 年版，第 19 页。

贯穿到经济社会发展的全过程、各领域，切实转变了发展方式，有效推动了更高质量、更有效率、更可持续的发展，不断满足了人民日益增长的美好生活需要，生动体现了以人民为中心的发展思想。

在新发展理念指引下，坚持社会主义市场经济改革方向，核心问题是处理好政府和市场的关系，使市场在资源配置中起决定性作用和更好发挥政府作用。这是中国共产党在理论和实践上的又一次重大推进。一方面，市场决定资源配置是市场经济的一般规律，市场经济本质上就是市场决定资源配置的经济。解决市场体系不完善、政府干预过多和监管不到位等问题，必须发挥市场在资源配置中的决定性作用。另一方面，中国实行的是社会主义市场经济体制，仍然要发挥社会主义制度的优越性、发挥党和政府的积极作用，明确市场在资源配置中起决定性作用，并不是起全部作用。所以，在中国发展社会主义市场经济，既要发挥市场作用，也要发挥政府作用，实现有效市场和有为政府的“双轮驱动”。

为实现这样的“双轮驱动”，必须坚持社会主义基本制度和市场经济的有机结合、公有制经济和非公有制经济的共同发展。这是因为，中国是共产党领导的社会主义国家，公有制经济是长期以来在国家发展历程中形成的，是全体人民的共同财富，必须保管好、使用好、发展好，让其不断保值升值，决不能让大量国有资产闲置了、流失了、浪费了；同时，中国还处于社会主义初级阶段，非公有制经济是在党的方针政策指引下快速发展起来的，已经成为社会主义市场经济的重要组成部分，在稳定增长、促进创新、增加就业、改善民生等方面一直发挥着重要作用。所以，在新时代的中国，强调把公有制经济巩固好、发展好，同鼓励、支持、引导非公有制经济发展不是对立的，而是有机统一的；公有制经济、非公有制经济应该相辅相成、相得益彰，而不是相互排斥、相互抵消。

中国要在高质量发展中做到这一点，还必须着力推进供给侧结构性改革。在新常态下，中国经济呈现出一些新的特点和问题。从需求方面讲，人民在越来越高的层次上、越来越广的范围内，对美好生活的向往更加强烈。从供给方面讲，一些行业和产业产能严重过剩，同时大量关键装备、核心技术、高端产品还依赖进口；农业发展形势很好，但一些供给没有很好适应需求变化。可以说，新时代的中国不是需求不足或者没有需求，而是需求变了，但供给的产品没有变，质量和服务跟不上。正是有效供给的能力不足，才导致了消费能力的严重外流。面对供给和需求之间的结构性矛盾，中国共产党适时推出供给侧结构性改革，在通过调节税收、财政支出、货币信贷等需求侧管理刺激经济增长的同时，将国家宏观调控的重点放在供给侧，通过优化要素配置和调节生产结构等，提高供给体系的质量和效率，进而推动经济增长。

与供给侧结构性改革相适应的是，中国根据发展阶段、环境、条件的变化，特别是比较优势的变化，审时度势提出加快构建以国内大循环为主体、国内国际双循环相互促进的新发展格局，以扭转改革开放后形成的市场和资源“两头在外”的发展格局。构建新发展格局，一方面，要坚持立足国内，依托中国 14 亿多人口特别是 4 亿多中等收入人群的巨大市场优势，扭住扩大内需的战略基点，化解外部冲击、外需下降带来的消极影响，确保在极端情况下中国经济基本正常运行和社会大局总体稳定。另一方面，要通过发挥内需潜力，使国内市场和国际市场更好联通，以国内大循环吸引全球资源要素，更好利用国内国际两个市场、两种资源，提高中国在全球配置资源的能力，更好争取在开放发展中的战略主动，促使高质量发展之路越走越宽。这样，立足新发展阶段，贯彻新发展理念，构建新发展格局，就等于明确了新时代中国经济高质量发展的路径选择，为中国共产党在向着第二个百年奋斗目标进军的新征程上，牢牢把握经济建设这个中心、全面建设社会主义现代化国家，赢得了主动，赢得了优势，赢得了未来。

二、政治建设：坚持人民当家作主

民主是人类社会政治发展的共同追求。自古以来，中国就有“民惟邦本”的政治理念，强调只有以百姓为国家根本，惜民、爱民，国家才能安宁稳固、长续发展。这样的民本思想，同马克思主义强调的“人民群众是历史的创造者、在社会发展中起着决定性作用”的观点，在很大程度上存在着一致性。中国共产党自成立之日起，就坚持把马克思主义基本原理同中国具体实际相结合，同中华优秀传统文化相结合，把实现人民翻身解放和当家作主作为奋斗目标之一。在 100 余年来的不懈奋斗中，中国共产党领导中国人民在一个有着几千年封建社会历史、近代后沦为半殖民地半封建社会的国家实现了人民民主。民主已经从价值理念成为扎根中国大地的制度形态，贯穿中国革命、建设和改革的全过程，覆盖国家治理的各环节，体现在经济社会发展的各方面，中国人民已真正成为了国家、社会和自己命运的主人。

民主堪称全人类的共同价值，但从来没有适用于一切时代、一切国家的单一民主模式。一个国家实行什么样的民主制度，走什么样的政治发展道路，必须与这个国家的性质和国情相适应。1840 年，西方列强用鸦片和大炮轰开了中国的大门，中国从此陷入半殖民地半封建社会的深渊。沉沦中奋起的中国人民不是不知道向西方学习，也不是没有学习西方的资产阶级共和国方案。恰恰相反，一批又一批先进的中国人都曾十分虔诚地向西方寻求救国救民的真理，但一次又一次的尝试都以失败告终。新中国成立前夕毛泽东指出："很奇怪，为什么先生老是侵略学生呢？中国人向西方学得很不少，但是行不通，理想总是不能实现。多次奋斗，包括辛亥革命那样全国规模的运动，都失败了。国家的情况一天一天坏，环境迫使人们活不下去。怀疑产生了，增长了，发展了。……西方资产阶级的文明，资产阶级的民主主义，资产阶级共和国的方案，在中国人民的心目中，一齐破了产。"[1]

与此同时，中国人找到了马克思列宁主义这个放之四海而皆准的普遍真理，开始"用无产阶级的宇宙观作为观察国家命运的工具，重新考虑自己的问题"[2]。在1945年4月召开的党的七大上，毛泽东提出："在彻底打败日本侵略者之后，建立一个以全国绝对大多数人民为基础而在工人阶级领导下的统一战线的民主联盟的国家制度。"[3]这就等于向世人宣告，未来新中国的国家制度将不同于西方资本主义的国家制度，而是"一个真正适合中国人口中最大多数的要求的国家制度"[4]。

1 《毛泽东选集》第4卷，人民出版社1991年版，第1470—1471页。
2 《毛泽东选集》第4卷，人民出版社1991年版，第1471页。
3 《毛泽东选集》第3卷，人民出版社1991年版，第1056页。
4 《毛泽东选集》第3卷，人民出版社1991年版，第1056页。

1949年中华人民共和国的成立，标志着一个“新民主主义即人民民主主义的国家”的诞生，这个国家“实行工人阶级领导的、以工农联盟为基础的、团结各民主阶级和国内各民族的人民民主专政”[1]。1954年9月，中华人民共和国的缔造者们同经过普选产生的1200多名全国人大代表一道，召开了第一届全国人民代表大会第一次会议，通过了《中华人民共和国宪法》，正式确认新中国的国体是人民民主专政的国家，政体是实行民主集中制的人民代表大会制度。

近70年来的实践证明，在中国这样一个人口众多、情况复杂的多民族国家，只有坚持人民代表大会制度，才能确保党的领导、人民当家作主、依法治国有机统一，实现党的主张、人民意愿与国家意志相一致。一方面，党倾听人民呼声，了解人民意愿，汇聚人民智慧，形成党的政策主张；另一方面，党领导立法工作，全国人民代表大会及其常务委员会主导立法工作。经由这样的制度安排，党的主张经法定程序成为国家的宪法法律，成为全国各族人民、一切国家机关和武装力量、各政党和各社会团体、各企事业组织应当遵循的行为规则。可以说，人民代表大会制度作为中国的根本政治制度，深深植根于中国人民之中，不断得到巩固和发展，展现出强大生命力和显著优越性。

1 《毛泽东选集》第3卷，人民出版社1991年版，第1056页。

党的十八大以来，人大代表与群众全面联系的机制进一步加强，人大代表行使代表职权得到更好保证，人大及其常委会的职能作用得到充分发挥。截至 2021 年 4 月，中国各级人民代表大会代表共有 262 万多人，他们来自各民族、各行业、各阶层、各党派，其中一线工人、农民、专业技术人员代表所占比例不断提升。在新时代，人民代表大会制度依旧是符合中国国情和实际、体现社会主义国家性质、保证人民当家作主的好制度，是中国人民在人类政治制度史上的伟大创造。

在坚持和完善人民代表大会制度的同时，中国共产党领导人民创立和发展了中国共产党领导的多党合作和政治协商制度、民族区域自治制度、基层群众自治制度等基本政治制度，形成了人民当家作主的制度体系。

新中国成立后，中国共产党就在中国长期执政，是中国社会主义建设的领导核心。1956 年 4 月，毛泽东在《论十大关系》中提出这样一个问题："究竟是一个党好，还是几个党好？"他自答："现在看来，恐怕是几个党好。不但过去如此，而且将来也可以如此，就是长期共存，互相监督。"[1] 但是，毛泽东所说的"好几个党"与西方资本主义国家的"多党制"是根本不同的。早在延安时期，中国共产党就倡导建立"民主联合政府"，在陕

1 《毛泽东文集》第 7 卷，人民出版社 1999 年版，第 34 页。

甘宁边区政权建设中实行共产党员、党外进步人士、中间派各占1/3的“三三制”，极大地调动了各方面人士参与边区建设的热情。在长期的革命、建设、改革进程中，中国共产党与各民主党派、无党派人士长期共存、互相监督、肝胆相照、荣辱与共，形成了中国共产党领导的多党合作和政治协商制度。这一新型政党制度真实、广泛、持久地代表并实现了中国最广大人民和各族各界的根本利益，有效避免了旧式政党制度只代表少数人、少数利益集团的弊端，有效避免了一党执政、缺乏监督或者多党轮流坐庄、恶性竞争的弊端。在这一新型政党制度下，中国共产党作为执政党，处于领导地位和执政地位，善于听取意见，乐于接受监督，勇于接受批评；各民主党派作为中国特色社会主义参政党，是中国共产党的好参谋、好帮手、好同事，积极参与国家政权建设和国家大政方针制定，在促进国家政策、法律法规的制定实施等方面发挥了重要作用。

中国是一个由56个民族组成的统一的多民族国家。在长期的历史发展中，中国各族人民都为创造悠久灿烂的中华文明、推动中国历史的发展进步，做出了自己的重要贡献。在近代以来抵御外侮的抗争中，中国各族人民同仇敌忾、万众一心，促进了中华民族的大团结，弘扬了伟大的中华民族精神。新中国成立后，中国共产党根据中国的历史发展、文化特点、民族关系和民族分布等具体情况，创造性地探索出了解决中国民族问题的正确道路，确立了民族区域自治制度。即在国家的统一领导下，以少数民族聚居地区为基础，建立相应的民族自治地方，设立民族自治机关，行使宪法和法律规定的自治权。这样，既保证了国家的团结统一，又实现了各民族的共同当家作主，形成了各民族多元一体的政治认同，增强了中华民族的凝聚力、向心力，开辟了发展各民族平等团结互助和谐关系的新纪元。

基层历来是民主政治的发源地和实验田。基层群众自治制度是中国共产党领导中国人民在城乡社区治理、基层公共事务和公益事业中，依法自我管理、自我服务、自我教育、自我监督，推动基层直接民主的新创造、新实践。改革开放以来，随着中国的发展进步，各地城乡的基层民主不断扩大，公民有序政治参与的渠道不断增多，民主的实现形式越来越丰富。目前，中国已经建立了以农村村民委员会、城市居民委员会和企业职工代表大会为主要内容的基层民主自治体系。比如，在城市，社区居委会、街巷长、小巷管家、居民组长随时都能开设“小院议事厅”，就居民最关心的问题进行商讨；在农村，为精准脱贫，村民委员会组织村民代表座谈，根据每户人家的具体情况，制定一对一的帮扶措施，切实解决他们的贫困问题。如此这般，广大人民在城乡基层群众自治组织中依法直接行使民主权利，实行民主自治，已经成为当代中国最直接、最广泛的民主实践。

民主从来不是抽象的，而是具体的、历史的。回顾人类政治文明史，资产阶级口中的“民主”无非是维护资产阶级统治的工具。在中国，民主不是装饰品，而是用来解决人民需要解决的实际问题的；“人民当家作主”不是空话，而是看得见、摸得着的具体实践。中国的社会主义民主，不仅有全民的共同参与，而且贯穿国家和社会治理的所有环节，是一种全过程人民民主。大到国家立法、国民经济和社会发展规划纲要的制定，小到物业管理、生活垃圾分类，人民都能通过民主选举、民主协商、民主决策、民主管理、民主监督等，充分表达意愿，切实参与其中。比如，全国人大常委会法制工作委员会在全国设有 20 多个基层立法联系点，辐射带动地方人大设有 4700 多个立法联系点，有效发挥了立法工作中的民意“直通车”作用。从党的十八大召开至 2022 年 4 月，全国人大共有 205 件法律草案面向社会征求意见，有超过 119 万人次提出 350 多万条意见，许多重要意见都被采纳。民法典编撰过程中，先后 10 次向社会公开征求意见，共收到 42.5 万人提出的 102 万余条意见。可以说，当代中国已经形成全过程人民民主的完整链条，中国人民正享受着广泛充分、真实具体、有效管用的民主。

民主的形式是丰富多样的，世界上没有完全相同的民主政治模式。在西方所谓的“民主”国家，人民往往只有投票的权利，而没有参与的权利，这样的民主只能说是形式上的民主。在中国，人民通过协商民主有效治理国家，保证将民主落在实处。比如，在中国共产党领导下，人民内部各方面经常围绕涉及改革发展稳定的重大问题、涉及群众利益的实际问题，在决策前和决策中，开展政党协商、人大协商、政府协商、政协协商、人民团体协商、基层协商、社会组织协商等多渠道的广泛协商，努力形成社会共识。

同时，党和国家也不断探索创新听取民意的方式方法，畅通基层民主的“最后一公里”。比如，2020 年 8 月 16 日至 29 日，“十四五”规划编制工作开展网上征求意见。短短两周时间，累积收到人民群众 101.8 万条建言。所有这些，都如习近平指出:“在中国社会主义制度下，有事好商量、众人的事情由众人商量，找到全社会意愿和要求的最大公约数，是人民民主的真谛。”[1]可以说，协商民主已经深深嵌入中国社会主义民主全过程，不仅汇聚起了全体中华儿女的磅礴力量，也书写出了人类政治文明的华彩乐章。

---

1 《习近平谈治国理政》第 2 卷，外文出版社 2017 年版，第 292 页。

三、文化建设：推动社会主义文化繁荣兴盛

一个国家的强盛，离不开精神的支撑；一个民族的进步，有赖于文明的成长。实现中华民族伟大复兴的中国梦，是物质文明和精神文明均衡发展、互相促进的结果。没有文明的继承和发展，没有文化的弘扬和繁荣，就没有中国梦的实现。

中华民族是一个历史悠久的伟大民族。在五千多年的发展中，遇到了无数艰难困苦，但都挺过来、走过来了，其中一个很重要的原因就是世世代代的中华儿女培育和发展了独具特色、博大精深的中华文化，为中华民族克服困难、生生不息提供了强大精神支撑。鸦片战争后，中国陷入内忧外患的境地，中国人民经历了战乱频仍、山河破碎、民不聊生的深重灾难。此时，无论藏书楼中有多少传世的经典宝鉴，无论传统文化中有多少令世人受用无穷的博大智慧，都没能阻挡住中华民族被瓜分豆剖的悲惨命运。历经失败，实现中华民族伟大复兴的历史使命最终落在了中国共产党人的肩上。

中国共产党人之所以能够担负起这样的历史使命，就在于中国共产党人找到了人类认识世界、改造世界的强大思想武器——马克思主义，并将其郑重地写在了自己的旗帜上。正因为选择了马克思主义，中国共产党才成为最先进的政治力量，在近代以后

中国政治舞台上脱颖而出；也正因为毫不动摇地坚持和发展马克思主义，中国共产党才始终走在时代前列，历经百年风雨，依然风华正茂。可以说，马克思主义是社会主义事业的“北斗”，是当代中国文化发展的灵魂。只有始终不渝坚持以马克思主义为指导，才能保证中国革命、建设和改革的道路不偏向，社会主义的红色江山不变色；只有高高举起马克思主义的旗帜，才能保证中国特色社会主义文化固本开新、永葆生机。

“中国特色社会主义文化，源自于中华民族五千多年文明历史所孕育的中华优秀传统文化，熔铸于党领导人民在革命、建设、改革中创造的革命和社会主义先进文化。植根于中国特色社会主义伟大实践。”[1]党的十八大以来，习近平所特别强调的文化自信，就是对包括中华优秀传统文化、革命文化和社会主义先进文化在内的中国特色社会主义文化这一有机整体的自信。而要坚定文化自信，就必须发展中国特色社会主义文化，坚定不移走中国特色社会主义文化发展道路。为此，要坚持马克思主义指导地位，发展面向现代化、面向世界、面向未来的，民族的科学的大众的社会主义文化，推动社会主义精神文明和物质文明协调发展；要坚持为人民服务、为社会主义服务，坚持百花齐放、百家争鸣，坚持创造性转化、创新性发展，不断铸就中华文化新辉煌；要自觉

1　《习近平谈治国理政》第 3 卷，外文出版社 2020 年版，第 32 页。

承担起举旗帜、聚民心、育新人、兴文化、展形象的使命任务，坚持守正创新，更好构筑中国精神、中国价值、中国力量，为中国人民提供精神指引。

关于坚持马克思主义指导地位，中国共产党经常讲的一句话是“老祖宗不能丢，但又要讲新话”。“老祖宗不能丢”，就是要把握科学理论的正确方向，不偏离马克思主义基本原理；“又要讲新话”，就是要不断推进实践基础上的理论创新，不断开辟马克思主义中国化新境界。习近平新时代中国特色社会主义思想就是当代中国马克思主义、21 世纪马克思主义，是中华文化和中国精神的时代精华。在中国特色社会主义新时代，坚持马克思主义在意识形态领域的指导地位，摆在第一位的要求就是全面贯彻落实习近平新时代中国特色社会主义思想，健全用党的创新理论武装全党、教育人民的工作体系，不断筑牢全党全国人民团结奋斗的共同思想基础。

做到这一点，最为基础性的工作是培养担当民族复兴大任的时代新人。进入新时代，世界正经历百年未有之大变局，实现中华民族伟大复兴正处于关键时期。形势越是复杂、任务越是艰巨，就越是要求有自信、尊道德、讲奉献、重实干、求进取的时代新人迎难而上、挺身而出。其中，有自信，就是要有作为中华儿女的骄傲和自豪，作为新时代中国人的骨气和底气，爱党爱国爱社会主义，对实现中华民族伟大复兴充满信心。尊道德，就是要继承中华传统美德、弘扬社会主义道德，崇德向善、见贤思齐，具有善良的道德情感、正确的道德判断、自觉的道德实践。讲奉献，就是要有自觉的国家意识、民族意识、责任意识，主动担当民族复兴的历史责任，在服务社会、贡献国家中体现自身价值。重实干，就是要坚持实践第一、知行合一，求实务实、有为善为，脚踏实地干事创业，用勤劳双手创造美好生活。求进取，就是要始终保持昂扬向上的奋斗姿态，富有求新求变的朝气锐气，勤于学习、勇于开拓，以新的实践创造，成就民族复兴的伟大梦想。实践证明，新时代的中国青年是好样的，是堪当大任的，一定能够在实现中华民族伟大复兴的接力跑中跑好自己的一棒，用青春和汗水创造出让世界刮目相看的新奇迹。

在社会主义文化建设中，文艺的作用不可替代，文艺工作者大有可为。改革开放以来，中国文艺创作迎来了新的春天，广大文艺工作者紧跟时代、奉献时代，创作出了大量脍炙人口的优秀作品，为弘扬中国精神、凝聚中国力量做出了重要贡献。同时，也不能否认，中国在文艺创作方面还存在有数量缺质量、有“高原”缺“高峰”的现象，存在抄袭模仿、千篇一律的问题，存在机械化生产、快餐式消费的问题。这表明，虽然市场经济的发展为文艺繁荣创造了条件，但是文艺也可能在市场经济大潮中迷失方向、发生偏差。

2014 年 10 月 15 日，习近平主持召开文艺工作座谈会，在听取与会者发言后指出：“社会主义文艺，从本质上讲，就是人民的文艺。”“人民是文艺创作的源头活水，一旦离开人民，文艺就会变成无根的浮萍、无病的呻吟、无魂的躯壳。”“文艺创作方法有一百条、一千条，但最根本、最关键、最牢靠的办法是扎根人民、扎根生活。”“一部好的作品，应该是经得起人民评价、专家评价、市场检验的作品，应该是把社会效益放在首位，同时也应该是社会效益和经济效益相统一的作品。”“文艺不能当市场的奴隶，不要沾满了铜臭气。”[1] 贯彻落实这一讲话精神，党的十八大以来，广大文艺工作者与党同心同德、与人民同向同行，真情倾听时代发展的铿锵足音，生动讴歌改革创新的火热实践，在文艺创作、文艺活动、文艺惠民等方面辛勤工作，构筑起了中华民族伟大复兴时代的文艺高峰。

新闻舆论是意识形态的最前沿。舆论导向正确，就能凝聚人心、汇聚力量，推动事业发展；舆论导向错误，就会动摇人心、瓦解斗志，危害党和人民事业。新闻舆论工作的领导权、管理权、话语权，任何时候都不能旁落，否则就要犯无可挽回的历史性错

1 习近平：《论党的宣传思想工作》，中央文献出版社 2020 年版，第 103、105、108、109、109 页。

误。中国是社会主义国家，中国共产党是马克思主义执政党，是中国各项事业的领导核心。这就决定了中国的新闻事业必须无条件地接受中国共产党领导，充分体现党的意志、宣传党的主张。正如习近平指出的：“党性原则是党的新闻舆论工作的根本原则。党管宣传、党管意识形态、党管媒体是坚持党的领导的重要方面。党性原则不仅要讲，而且要大张旗鼓讲、理直气壮讲、坚持不懈讲，不能躲躲闪闪、扭扭捏捏。”[1]坚持党性原则，最根本的是坚持党对新闻舆论工作的领导。就是说，党和政府主办的媒体是党和政府的宣传阵地，必须姓党，必须抓在党的手里，必须维护党中央权威、维护党的团结，做到爱党、护党、为党。同时还必须明确，在共产党领导的社会主义中国，党性和人民性是一致的、统一的，媒体宣传党的主张就是宣传人民的主张，坚持党性就是坚持人民性。

随着现代信息技术的发展，舆论生态、媒体格局、传播方式发生了深刻变化，互联网日益成为社会舆论的放大器、意识形态交锋的最前沿。把它用好了，可以造福国家和人民；用不好，可能带来难以预见的危害。历史和现实反复证明，敌对势力要搞乱一个社会、颠覆一个政权，往往先从意识形态领域打开缺口，先从搞乱人们思想入手。思想防线被攻破了，其他防线就很难守住。

1　习近平：《论党的宣传思想工作》，中央文献出版社 2020 年版，第 181 页。

近年来，西方反华势力一直妄图利用互联网这个最大变量来“扳倒中国”，它们在香港修例风波、中美经贸摩擦、新冠肺炎疫情等问题上混淆是非、颠倒黑白的网上表演便是例证。这些都说明，互联网是一个没有硝烟的战场，在这个战场上能否顶得住、打得赢，直接关系到中国共产党能否长期执政，关系到中国能否长治久安。所以，习近平指出：“要把网上舆论工作作为宣传思想工作的重中之重来抓。宣传思想工作是做人的工作的，人在哪儿重点就应该在哪儿。……很多人特别是年轻人基本不看主流媒体，大部分信息都从网上获取。必须正视这个事实，加大力量投入，尽快掌握这个舆论战场上的主动权，不能被边缘化了。”[1] 正是基于这样的敏锐观察和清醒认识，党的十八大以来，中国不断加强网络空间治理，推动媒体融合纵深发展，通过依法管网、办网、上网，壮大主流舆论阵地、打造清朗网络空间，为确保党和国家长治久安、实现中华民族伟大复兴提供了强大支撑。

不忘本来才能开辟未来，善于继承才能更好创新。泱泱中华，历史悠久，在五千多年发展中产生的各种思想文化，记载了中华民族在长期奋斗中开展的精神活动、进行的理性思维、创造的文明成果，反映了中华民族的精神追求。其中最核心的内容已经渗

1 《习近平关于社会主义文化建设论述摘编》，中央文献出版社 2017 年版，第 29 页。

透到中国人的骨髓里，成为中华民族最基本的文化基因。新时代培育和弘扬的社会主义核心价值观，正是汲取了中华优秀传统文化的思想精华和道德精髓，才具有了鲜明的民族特色和旺盛的生命力、广泛的影响力。同样，历史上中国人积累的知识智慧和理性思辨，中华文化远播的感召力和吸引力，都已成为今天中国最独特的优势、最深厚的文化软实力，使中华优秀传统文化具有了跨越时空的非凡魅力。

正是基于此，习近平指出："我们决不可抛弃中华民族的优秀文化传统，恰恰相反，我们要很好传承和弘扬，因为这是我们民族的'根'和'魂'，丢了这个'根'和'魂'，就没有根基了。"[1] 现实中，怎样传承和弘扬中华优秀传统文化？习近平指出："要坚持古为今用、推陈出新，有鉴别地加以对待，有扬弃地予以继承。……重点做好创造性转化和创新性发展。"[2] 而所谓创造性转化，就是要使中华民族最基本的文化基因与当代文化相适应、与现代社会相协调，以人们喜闻乐见、具有广泛参与性的方式推广开来；所谓创新性发展，就是要把继承中华优秀传统文化与弘扬时代精神、立足本国与面向世界相统一，使富有永恒魅力、具有当代价值的文化创新成果传播出去。在这个过程中，既不能妄

1　《习近平关于实现中华民族伟大复兴的中国梦论述摘编》，中央文献出版社 2013 年版，第 33 页。

2　《习近平谈治国理政》第 1 卷，外文出版社 20 年版，第 164 页。

自菲薄，也不能妄自尊大，而是要站立在960万平方公里的广袤土地上，吸吮着中华民族漫长奋斗积累的文化养分，以无比深厚的历史底蕴和无比强大的前进定力，坚定不移地走自己的路，“中国人民应该有这个信心，每一个中国人都应该有这个信心”[1]。

四、社会建设：满足人民对美好生活的向往

“治国有常，而利民为本。”在中国几千年的历史文化传统中，治理国家有不变的法则，但最根本的是让老百姓得到实实在在的好处。这样的治国理念，在中国古代直至近代是不可能落到实处的。马克思主义诞生后，不仅从理论上揭示了人民群众是历史的创造者，而且践行着“无产阶级的运动是绝大多数人的，为绝大多数人谋利益的独立的运动”[2]。

中国共产党是在马克思主义指导下建立起来的无产阶级政党，带领人民创造美好生活是其始终不渝的奋斗目标。早在1934年，毛泽东就说过：“一切群众的实际生活都是我们应该注意的问题。假如对这些问题我们注意了，解决了，满足了群众的需要，我们就真正成了群众生活的组织者，群众就会真正围绕在我们的

1　习近平：《论中国共产党历史》，中央文献出版社2021年版，第64页。
2　《马克思恩格斯选集》第1卷，人民出版社2012年版，第411页。

周围，热情地拥护我们。”[1]但在半殖民地半封建社会的中国，由于外国资本主义的入侵和封建土地关系的存在，人民贫穷的程度、社会落后的面貌，在中国历史上和当时世界上都是少见的。为了改变这一状况，中国共产党最先意识到，中国的问题首先是农民问题，而农民问题主要是土地问题，只有解决了土地问题，实现了“耕者有其田”，农民才能彻底改变受剥削、受压迫的地位，积极支持革命、投身革命。到新中国成立后的1952年冬，全国土地改革基本结束，在中国延续了几千年的地主阶级土地所有制被消灭，这就为广大农民摆脱贫困状态、过上幸福生活创造了根本政治条件。

但是，当时的中国仍然是世界上最贫穷的国家之一。借用1954年毛泽东的话说：“现在我们能造什么？能造桌子椅子，能造茶碗茶壶，能种各种粮食，还能磨成面粉，还能造纸，但是，一辆汽车、一架飞机、一辆坦克、一辆拖拉机都不能造。”[2]就是在这样一穷二白的基础上，中国在恢复国民经济后，很快完成了社会主义改造，确立了社会主义基本制度，开始了社会主义建设的艰辛探索。毛泽东曾满怀信心地说：“现在我们实行这么一种制度，这么一种计划，是可以一年一年走向更富更强的，一年一

1　《毛泽东选集》第1卷，人民出版社1991年版，第137页。

2　《毛泽东文集》第6卷，人民出版社1999年版，第329页。

年可以看到更富更强些。而这个富，是共同的富，这个强，是共同的强，大家都有份。”[1] 在探索过程中，虽然经历了严重曲折，但还是建立起了独立的比较完整的工业体系和国民经济体系，保障了人民的基本生活需要，提高了人民的文化素质和健康水平。

由于在社会主义建设中实行工业化优先发展战略，由于人民公社体制上存在的弊端，至 1978 年党的十一届三中全会召开时，中国人民的温饱问题尚未完全解决，整个国家还处于普遍贫穷状态。面对如此局面，邓小平严正指出：“贫穷不是社会主义，社会主义要消灭贫穷。”[2]“社会主义的本质，是解放生产力，发展生产力，消灭剥削，消除两极分化，最终达到共同富裕。”[3] 正是有了对“什么是社会主义”的新认识，中国开启了改革开放的历史进程。在不断解放和发展生产力中，先是解决了人民的温饱问题，继而使人们生活总体上达到小康水平并开始全面建设小康社会。随着时代发展和社会进步，人民对美好生活的向往更加强烈，同时对民主、法治、公平、正义、安全、环境等方面要求日益增长。

党的十八大之后，习近平当选中共中央总书记。从“人民对美好生活的向往，就是我们的奋斗目标”[4]，到“让老百姓过上好

1 《毛泽东文集》第 6 卷，人民出版社 1999 年版，第 495 页。

2 《邓小平文选》第 3 卷，人民出版社 1993 年版，第 116 页。

3 《邓小平文选》第 3 卷，人民出版社 1993 年版，第 373 页。

4 《习近平谈治国理政》第 1 卷，外文出版社 2018 年版，第 4 页。

日子，是我们一切工作的出发点和落脚点”[1]，铮铮誓言都说到了人民群众心坎上，表达了中国共产党对解民忧、纾民困、暖民心的坚强决心和坚定意志。这些年来，以习近平同志为核心的党中央坚持以人民为中心，把增进民生福祉作为发展的根本目的，始终铭记人民的安居乐业、安危冷暖，在幼有所育、学有所教、劳有所得、病有所医、老有所养、住有所居、弱有所扶上取得一系列开创性成就，使人民群众的获得感、幸福感、安全感不断增强，中国在朝着全体人民共同富裕的方向迈出了坚实步伐。

中国共产党始终明确，群众利益无小事，民生问题大于天。人民群众最期盼、最关心的问题，就是中国共产党要下真功夫、千方百计解决的问题。进入新时代，人民群众期盼更好的教育，中国共产党就全面贯彻党的教育方针，优先发展教育事业，明确教育的根本任务是立德树人，深化教育教学改革创新，推进义务教育均衡发展和城乡一体化，规范校外培训机构，积极发展职业教育，推动高等教育内涵式发展，办好人民满意的教育。人民群众期盼更高质量、更充分的就业，中国共产党就把就业当作最大的民生工程、民心工程、根基工程，大规模开展职业技能培训，提供全方位的公共就业服务，促进高校毕业生等青年群体和农民工多渠道就业创业，使人人都拥有通过辛勤劳动、体面劳动实现

1　《习近平谈治国理政》第 3 卷，外文出版社 2020 年版，第 173 页。

自身发展的机会。

人民群众期盼更合理、更有序的收入分配，中国共产党就坚持按劳分配原则，完善按要素分配的体制机制，确保居民收入增长和经济增长基本同步，确保农村居民收入增速快于城镇居民，调节过高收入，取缔非法收入，增加低收入者收入，稳步扩大中等收入群体，推动形成橄榄型分配格局。人民群众期盼更可靠的社会保障，中国共产党就按照兜底线、织密网、建机制的要求，推动中国建成世界上规模最大的社会保障体系，使10.2亿人拥有基本养老保险，13.6亿人拥有基本医疗保险，同时坚持“房住不炒”的定位，加快建立多主体供给、多渠道保障、租购并举的住房制度，使城乡居民住房条件明显改善。人民群众期盼更高水平的医疗卫生服务，中国共产党就实施健康中国战略，坚持预防为主方针，深化医药卫生体制改革，引导医疗卫生工作重心下移、资源下沉，完善重大疫情防控体制机制，健全国家公共卫生应急管理体系，促进中医药传承创新发展，健全遍及城乡的公共卫生服务体系。

当然，中国共产党也很明白，中国仍处于并将长期处于社会主义初级阶段，仍是世界上最大发展中国家，还存在一定数量的欠发达地区和困难人群。特别是随着社会主要矛盾的变化，中国民生建设的总体水平离人民群众的期待和要求还有不小差距。所以，保障和改善民生，既要尽力而为，又要量力而行，来不得半点虚假，承诺了的就要兑现。一方面，适应人民日益增长的美好生活需要，采取针对性更强、覆盖面更大、作用更直接、效果更明显的举措，把群众的小事当作党和政府的大事，从群众关心的事情做起，从让群众满意的事情做起，让群众看得到变化，感得到实惠，在这方面不能裹足不前、锱铢必较，该花的钱必须花；另一方面，坚持从实际出发，认识到“一口吃不成胖子”，根据经济发展和财力状况逐步提高人民生活水平，不能脱离当前中国的国情提出过高的目标，优先做那些现实条件下可以做到的事情，不能好高骛远、寅吃卯粮、口惠而实不至。

保障和改善民生没有终点，只有连续不断的新起点。在新时代新征程上，中国共产党将继续发扬钉钉子精神，一件事情接着一件事情办，一年接着一年干，锲而不舍向前走，不断在发展中保障和改善民生，让民生福祉达到新水平，让老百姓生活“芝麻开花节节高”。

五、生态文明建设：坚持人与自然和谐共生

自然是生命之母，是人类赖以生存和发展的根基。中国的先人很早就认识到，自然是慷慨的，不仅给人类提供了生活资料来源，也给人类提供了生产资料来源。人类善待自然，按照大自然

规律活动，取之有时，用之有度，自然就会馈赠人类；人类破坏自然，打破自然生态系统原有的循环和平衡，最终必然伤及人类自身。从历史角度看，一部人类文明发展史就是一部人与自然的关系史。生态兴则文明兴，生态衰则文明衰，生态环境的变化直接影响着人类文明的兴衰演替。

人类进入工业文明时代以来，传统工业化迅猛发展，在创造巨大物质财富的同时，也加速了对自然资源的攫取，造成了人与自然关系的紧张。对此，恩格斯表达了高度关切。他说："我们不要过分陶醉于我们人类对自然界的胜利，对于每一次这样的胜利，自然界都对我们进行报复。"[1]这就等于提出了警示，人类只有尊重自然规律，才能有效防止在利用自然上走弯路。秉承这样的思想，中国共产党一贯高度重视人与自然的关系问题。新中国成立后，在千疮百孔的"烂摊子"上进行社会主义建设时，制定了一系列保护生态环境的政策措施。1956 年 4 月，毛泽东在《论十大关系》中就提到过合理利用自然资源的问题，称"天上的空气，地上的森林，地下的宝藏，都是建设社会主义所需要的重要因素"[2]。这一时期，中国共产党坚持治水与改土的辩证统一，提出"兴修水利、保持水土"的口号，从流域治理、改良土壤入手，

---

1 《马克思恩格斯选集》第 4 卷，人民出版社 2012 年版，第 998 页。

2 《毛泽东文集》第 7 卷，人民出版社 1999 年版，第 34 页。

狠抓水土保持工作并取得显著成效。1973 年 8 月，第一次全国环境保护会议召开，确定了“全面规划、合理布局、综合利用、化害为利、依靠群众、大家动手、保护环境、造福人民”的环境保护工作 32 字方针，这标志着中国以环境治理和资源综合利用为特征的保护和改善环境工作进入了一个新阶段。

改革开放后，中国经济发展取得了历史性成就，老百姓的腰包鼓了起来，但同时也积累了大量生态环境问题，特别是各类环境污染、生态破坏呈高发态势，成为国土之伤、民生之痛。要“钱袋子”还是要“绿叶子”？中国不少地方的发展都面临着这样的抉择。2005 年 8 月，时任浙江省委书记的习近平来到安吉县余村这个靠着开山采石而远近闻名的“首富村”考察，以充满前瞻性的战略眼光，首次提出“绿水青山就是金山银山”的重要理念。此后，在这一重要理念引领下，余村努力修复生态，用绿水青山敲开了经济发展的新大门，走出了一条生态美、百姓富的绿色发展之路。

进入新时代，随着社会发展和人民生活水平不断提高，人民群众对干净的水、清新的空气、安全的食品、优美舒适的环境等的要求越来越高，生态环境在群众生活幸福指数中的地位不断凸显，环境问题日益成为重要的民生问题。老百姓过去“盼温饱”，现在“盼环保”；过去“求生存”，现在“求生态”。顺应时代潮流和人民意愿，党的十八大以来，以习近平同志为核心的党中央把握人类社会发展规律，传承中华优秀传统文化，把生态文明建设纳入中国特色社会主义事业“五位一体”总体布局，将人与自然的和谐共生视为生态文明建设的核心，开展一系列根本性、开创性、长远性工作，取得了生态文明建设的显著成效。

2013 年 9 月 7 日，习近平在哈萨克斯坦纳扎尔巴耶夫大学演讲时的答问中指出：“我们既要绿水青山，也要金山银山。宁要绿水青山，不要金山银山，而且绿水青山就是金山银山。”[1] 这就更加深刻地揭示了“保护生态环境就是保护生产力、改善生态环境就是发展生产力”的道理，更加清晰地指明了发展和保护协同共生的路径。按照这条路径，经济发展不是对资源和生态环境的竭泽而渔，生态环境保护也不应是舍弃经济发展的缘木求鱼，而是要坚持在发展中保护、在保护中发展。发展是硬道理，但绝不能不考虑或者很少考虑环境的承载能力，绝不能一味地索取资源。

绿水青山既是自然财富、生态财富，又是社会财富、经济财富。巍巍高山、茫茫草原、茂密森林、碧海蓝天、洁净沙滩、湖泊湿地、冰天雪地等，都是大自然对人类的慷慨馈赠，也是人类永续发展

---

1 《习近平关于社会主义生态文明建设论述摘编》，中央文献出版社 2017 年版，第 21 页。

的最大本钱。离开了绿水青山，人类社会的一切财富都将成为无源之水、无本之木。所以，保护生态环境就是保护自然价值、增值自然资本，就是保护经济社会发展的潜力和后劲。同样，绿水青山也是人民幸福生活的重要内容。山峦层林尽染、平原蓝绿交融、城乡鸟语花香……都会给人带来美的享受。所以，金山银山固然重要，但是如果空气、饮用水都不合格，哪有什么幸福可言？“望得见山、看得见水、记得住乡愁”，才是人民群众所期盼的优质生态产品、优美生态环境。

回顾历史，人类几百年的工业化进程创造了前所未有的物质财富，但也带来了触目惊心的生态破坏，产生了难以弥补的生态创伤，许多国家包括一些发达国家在发展中把生态环境破坏了。想要修复，成本比当初创造的财富还要多，甚至已经不可能了。14 亿多人口的中国要实现现代化，如果再走西方走过的老路，是难以为继的，也是走不通的。与其扬汤止沸，不如釜底抽薪。摒弃杀鸡取卵、竭泽而渔的发展方式和生活方式，推动形成绿色发展方式和生活方式，是新时代中国的不二选择。

推动形成绿色发展方式，就是要彻底改变过去那种以牺牲生态环境为代价换取一时经济发展的做法，摒弃“大量生产、大量消耗、大量排放”的生产模式和消费模式，把经济活动、人的行为限制在自然资源和生态环境能够承受的限度内，推进生态产业化和产业生态化，实现腾笼换鸟、凤凰涅槃。推动形成绿色生活方式，就是要在全社会牢固树立生态文明理念，增强全民节约意识、环保意识、生态意识，倡导简约适度、绿色低碳的生活方式，反对奢侈浪费和不合理消费，如习近平所要求，“每个人都是生态环境的保护者、建设者、受益者，没有哪个人是旁观者、局外人、批评家，谁也不能只说不做、置身事外”[1]。

树立和践行“绿水青山就是金山银山”理念，推动形成绿色发展方式和生活方式，是一场从思想观念、思维方式到生产实践、生活实践的革命性变革。实现这样的变革，必须依靠制度和法治。正如习近平指出：“在生态环境保护问题上，就是要不能越雷池一步，否则就应该受到惩罚。”“只有实行最严格的制度、最严密的法治，才能为生态文明建设提供可靠保障。”[2]党的十八大以来，中国制定实施了60多项涉及生态文明建设的改革方案，生态文明制度体系的四梁八柱基本建成。同时，还制定施行了土壤污染防治法、长江保护法等法律，修订完善了环境保护法、大气污染防治法、森林法等法律，协力为生态文明建设保驾护航。

有了制度和法律，还得严格执行。正如习近平所要求的那样，“对破坏生态环境的行为，必须扭住不放、一抓到底，直至彻底

1 《习近平谈治国理政》第3卷，外文出版社2020年版，第362页。

2 《习近平关于社会主义生态文明建设论述摘编》，中央文献出版社2017年版，第99页。

解决”，“对那些不顾生态环境盲目决策、造成严重后果的人，必须追究其责任，而且应该终身追究”[1]。近年来，从部署长江经济带发展“共抓大保护、不搞大开发”到推进黄河流域生态保护和高质量发展，从查处祁连山系列环境污染案到打响秦岭青山保卫战，都充分彰显了中国共产党依靠制度和法治保护生态环境的决然举措、显著成效。

生态文明建设功在当代、利在千秋。新时代新征程上，中国人民将以“功成不必在我”的境界和“功成必定有我”的担当，以热爱自然的情怀和科学治理的精神，像保护自己眼睛一样保护生态环境，像对待自己生命一样对待生态环境，建设青山常在、绿水长流、空气长新的美丽中国，向世界展现更多人与自然和谐共生的中国故事。

1　《习近平关于社会主义生态文明建设论述摘编》，中央文献出版社 2017 年版，第 108、100 页。

第四章

中国理论的战略要点有哪些?

战略问题是一个政党、一个国家的根本性问题。战略上判断得准确，战略上谋划得科学，战略上赢得了主动，党和人民的事业就大有希望。面对复杂形势和繁重任务，如何突出重点，抓住关键，牢牢扭住治国理政的“牛鼻子”？如何综合施策，协调推进，在新时代新征程上实现强国梦想？这些问题的答案都体现在中国理论提出的全面建设社会主义现代化国家、全面深化改革、全面依法治国、全面从严治党的“四个全面”战略布局中。

一、全面建设社会主义现代化国家

走向现代化，是近代以来世界各国的共同追求，是人类社会发展的必然趋势。当18世纪60年代西方一些国家在工业革命推动下开启现代化进程的时候，中国还在清王朝的统治下沉醉于“天朝上国”的美梦。1840年鸦片战争的炮火轰开了中国闭关锁国的大门，“落后就要挨打”的厄运迫使中国开启了追寻现代化的艰苦进程。无论洋务运动的“中体西用”，还是“百日维新”的昙花一现，无论“预备立宪”的草草收场，还是辛亥革命的“民主共和”，都没有找到开启中国现代化大门的钥匙，最终难免在历史的大潮中黯然落幕、惨淡离场。

1921 年中国共产党的诞生，犹如黑暗中的一道闪电，划破了旧中国漆黑的夜幕，照亮了中国通往现代化的前进道路。在 28 年的浴血奋战中，无数中国共产党人抛头颅、洒热血，为的就是铸就一条通往国家富强、民族振兴、人民幸福的光辉道路。在 1945 年党的七大上，毛泽东明确指出：“中国工人阶级的任务，不但是为着建立新民主主义的国家而斗争，而且是为着中国的工业化和农业近代化而斗争。”[1]新中国成立后，周恩来在 1954 年召开的第一届全国人民代表大会上所作的政府工作报告中提出：“如果我们不建设起强大的现代化的工业、现代化的农业、现代化的交通运输业和现代化的国防，我们就不能摆脱落后和贫困，我们的革命就不能达到目的。”[2]在对适合中国情况的社会主义建设道路的艰辛探索中，中国共产党领导中国人民在一穷二白的基础上建立起了独立的、比较完整的工业体系和国民经济体系，为改革开放新时期的现代化建设提供了宝贵经验、理论准备和物质基础。

1　《毛泽东选集》第 3 卷，人民出版社 1991 年版，第 1081 页。

2　《周恩来选集》下卷，人民出版社 1984 年版，第 132 页。

改革开放之初，邓小平对中国现代化建设做出战略安排，提出“三步走”的战略构想，即到1990年解决人民的温饱问题，到20世纪末使人民生活达到小康水平，到21世纪中叶基本实现现代化。经过全党全国人民的共同努力，当人类社会跨入21世纪的时候，中国在如期解决人民温饱问题之后，人民生活总体上达到小康水平。在此基础上，2002年党的十六大提出：“在本世纪头20年，集中力量，全面建设惠及十几亿人口的更高水平的小康社会……到本世纪中叶基本实现现代化，把我国建成富强民主文明的社会主义国家。”2012年，党的十八大正式提出“两个一百年”奋斗目标，即在中国共产党成立一百年时全面建成小康社会，在新中国成立一百年时建成富强、民主、文明、和谐的社会主义现代化国家。据此，在治国理政的新实践中，以习近平同志为核心的党中央形成并协调推进了“四个全面”战略布局。其中，全面建成小康社会是战略目标，在“四个全面”中居于引领地位；全面深化改革、全面依法治国、全面从严治党是三大战略举措，为全面建成小康社会提供重要保障。

可以说，从“总体小康”到“全面小康”，从“全面建设”到“全面建成”，小康的标准不断提升、内涵不断拓展、要求不断提高。正如习近平指出：“全面建成小康社会，强调的不仅是‘小康’，而且更重要的也是更难做到的是‘全面’。‘小康’讲的是发展水平，‘全面’讲的是发展的平衡性、协调性、可持续性。”[1]具体说来，全面小康，覆盖的领域要全面，是“五位一体”全面进步的小康，要求经济、政治、文化、社会、生态文明建设全面推进；覆盖的人口要全面，是惠及全体人民的小康，全面小康的路上，一个都不能少；覆盖的区域要全面，是城乡区域共同的小康，“没有农村的全面小康和欠发达地区的全面小康，就没有全国的全面小康”[2]。正是基于这样的认识，党的十八大之后，以习近平同志为核心的党中央以全面深化改革破解深层次矛盾问题，以全面依法治国确保现代化建设有序进行，以全面从严治党改变管党、治党“宽、松、软”的状况，推动全面建成小康取得重大进展。

2017 年，党的十九大在综合分析国际国内形势和中国发展条件的基础上，提出“从现在到 2020 年，是全面建成小康社会决胜期”。在这个决胜期，既要全面建成小康社会、实现第一个百年奋斗目标，又要乘势而上开启全面建设社会主义现代化国家新征程，向第二个百年奋斗目标进军。关于全面建设社会主义现代化国家新征程，又可分两个阶段来安排：第一阶段，从 2020 年到 2035 年，在全面建成小康社会的基础上，再奋斗 15 年，基

1 《习近平关于全面建成小康社会论述摘编》，中央文献出版社 2016 年版，第 12 页。

2 《习近平关于协调推进“四个全面”战略布局论述摘编》，中央文献出版社 2015 年版，第 24 页。

本实现社会主义现代化；第二阶段，从 2035 年到本世纪中叶，在基本实现现代化的基础上，再奋斗 15 年，把中国建成富强、民主、文明、和谐、美丽的社会主义现代化强国。这就意味着，中国共产党原先提出的“三步走”战略的第三步目标——基本实现现代化，将提前 15 年在 2035 年实现；到本世纪中叶，中国有了更高的奋斗目标——建成现代化强国。

根据这样的时间表、路线图，党的十九大吹响了决胜全面建成小康社会、夺取新时代中国特色社会主义伟大胜利的号角。以习近平同志为核心的党中央以“行百里者半九十”的清醒和执著，坚持问题导向和忧患意识，大力建设“五位一体”全面发展的小康社会，坚决打好防范化解重大风险、精准脱贫、污染防治三大攻坚战，特别是把脱贫攻坚作为全面建成小康社会的底线任务和标志性指标，组织实施了人类历史上规模空前、力度最大、惠及人口最多的脱贫攻坚战，最终消除了中国的绝对贫困，完成了全面建成小康社会最艰巨、最繁重的任务。2021 年 7 月 1 日，习近平在庆祝中国共产党成立 100 周年大会上庄严宣告：“经过全党全国各族人民持续奋斗，我们实现了第一个百年奋斗目标，在中华大地上全面建成了小康社会，历史性地解决了绝对贫困问题，正在意气风发向着全面建设社会主义现代化强国的第二个百年奋斗目标迈进。”[1]

据此，“四个全面”战略布局中的战略目标就由“全面建成小康社会”调整为“全面建设社会主义现代化国家”。那么，中国怎样建设现代化国家？改革开放之初，邓小平就曾指出：“我们要实现的四个现代化，是中国式的现代化。”[2]党的十八大之后，习近平进一步指出：“我国现代化同西方发达国家有很大不同。西方发达国家是一个‘串联式’的发展过程，工业化、城镇化、农业现代化、信息化顺序发展，发展到目前水平用了二百多年时间。我们要后来居上，把‘失去的二百年’找回来，决定了我国发展必然是一个‘并联式’的过程，工业化、信息化、城镇化、农业现代化是叠加发展的。”[3]

回望工业革命以来人类现代化的发展历程，能够发现太多“血与火”的侵略、太多赤裸裸的掠夺。即使那些已经实现现代化的国家，大多内部也形成了巨大的收入鸿沟、明显的贫富差距，甚至面临着持续的社会动荡。反观中国，中国共产党领导中国人民在现代化的征程上，不仅走出了自己的成功道路，还创造了世所

1　习近平：《在庆祝中国共产党成立一百周年大会上的讲话》，《人民日报》2021 年 7 月 2 日。

2　《邓小平文选》第 2 卷，人民出版社 1994 年版，第 237 页。

3　《习近平关于社会主义经济建设论述摘编》，中央文献出版社 2017 年版，第 159 页。

罕见的经济快速发展奇迹和社会长期稳定奇迹。可见，世界上既不存在定于一尊的现代化模式，也不存在放之四海而皆准的现代化标准，中国式现代化不是西方国家现代化的翻版。

对此，习近平指出："我国现代化是人口规模巨大的现代化，是全体人民共同富裕的现代化，是物质文明和精神文明协调发展的现代化，是人与自然和谐共生的现代化，是走和平发展道路的现代化。"[1] 这就意味着，如果中国整体迈入现代化社会，14 亿多的人口规模将超过现有发达国家大约 10 亿的人口总和，这将彻底改写现代化的世界版图，成为人类历史上具有深远意义的一件大事。同时，由于中国搞的不是别的什么现代化，而是社会主义现代化，这就决定了中国必然坚持以人民为中心的发展思想，自觉主动解决地区差距、城乡差距、收入差距，防止两极分化，促进社会公平正义，逐步实现全体人民共同富裕；必然坚持社会主义核心价值观，加强理想信念教育，弘扬中华优秀传统文化，促进物的全面丰富和人的全面发展；必然走生产发展、生活富裕、生态良好的文明发展道路，既创造更多物质财富和精神财富以满足人民日益增长的美好生活需要，也提供更多优质生态产品以满足人民日益增长的优美生态环境需要；必须强调同世界各国的互

1 习近平：《论把握新发展阶段、贯彻新发展理念、构建新发展格局》，中央文献出版社 2021 年版，第 474 页。

利共赢，推动构建人类命运共同体，努力为人类和平与发展做出贡献。这样的现代化新道路，已经大大拓展了发展中国家走向现代化的途径，给世界上那些既希望加快发展又希望保持自身独立性的国家和民族提供了全新选择，为解决人类问题贡献了中国智慧和中国方案。

二、全面深化改革

社会主义是一种全新的社会制度，它和其他任何社会制度一样，都不是一成不变的，而是在生产力和生产关系、经济基础和上层建筑的矛盾运动中不断变化和改革的。中国的社会主义基本制度确立以后，毛泽东就以中国社会主义建设的实践为基础，全面分析了社会主义社会的矛盾问题，形成了比较系统的理论。他正确地认识到，社会主义社会仍然存在着基本矛盾，但它们不是对抗性矛盾，而是非对抗性矛盾，完全可以通过社会主义自身的力量加以解决。“文化大革命”结束后，邓小平在总结历史经验教训的基础上，对社会主义社会的基本矛盾特别是社会主义初级阶段的主要矛盾进行了深入思考，丰富和发展了毛泽东的理论，科学阐明了改革是社会主义社会发展的动力，并在此基础上形成了社会主义改革开放理论。

1978年10月，邓小平访问日本，乘坐从东京到京都的新干线列车。当工作人员问他有什么感觉时，他回答："就感觉到快，有催人跑的意思。"这一年12月，党的十一届三中全会召开，改革开放的大幕正式拉开，中国迈出了追赶时代的历史步伐。2013年11月，党的十八届三中全会召开，吹响了全面深化改革的号角，开创了中国改革开放的全新局面。也是在这一年，中国的"复兴号"动车组研发项目启动。如今，"中国血统"的"复兴号"以高达350公里的时速疾驶在中华大地上，"中国速度"让世界为之惊叹。从追赶时代到引领时代，从实行改革开放到全面深化改革，历史发展见证沧桑巨变，党的十一届三中全会是划时代的，党的十八届三中全会也是划时代的。

说党的十一届三中全会是划时代的，因为它开启了改革开放和社会主义现代化建设的新时期。当时，世界经济快速发展，科技进步日新月异，国家建设百业待兴，真理标准讨论热潮涌起，国内外大势呼唤中国共产党尽快就关系党和国家前途命运的路线方针做出政治决断和战略抉择。在这样的重大历史关头，邓小平振聋发聩地指出："如果现在再不实行改革，我们的现代化事业和社会主义事业就会被葬送。"[1]就此，党的十一届三中全会果断停止使用"以阶级斗争为纲"的口号，做出把党和国家工作重心

1 《邓小平文选》第2卷，人民出版社1994年版，第150页。

转移到经济建设上来、实行改革开放的历史性决策。此后，改革开放像浩荡春潮涌动神州大地，成为了当代中国最显著的特征、最壮丽的气象。从小岗村“包产到户”到深化农村土地制度改革，从“计划经济为主，市场调节为辅”到建立社会主义市场经济体制，从创办深圳经济特区到加入世界贸易组织，中国改革的进程势不可挡，开放的大门越来越大。1979 年至 2012 年，中国国内生产总值年均增长 9.8%，远高于同期世界经济年均 2.8% 的增速，中国成为全球第二大经济体、世界最大外汇储备国，实现了从一个物资极度匮乏、产业百废待兴的落后国家到世界经济发展引擎、全球“制造基地”的华丽转身。可以说，改革开放深刻改变了中国，也深刻影响了世界。

说党的十八届三中全会是划时代的，因为它开启了改革由局部探索、破冰突围到系统集成、全面深化的新时代。当时，中国改革开放已经走过 35 个年头，既取得了举世瞩目的伟大成就，也进入了攻坚期和深水区。容易的、皆大欢喜的改革已经完成，好吃的肉都吃掉了，剩下的都是难啃的硬骨头。面对国内外环境发生的极为广泛而深刻的变化，继续推进改革涵盖的领域愈加广泛，涉及的矛盾和问题愈加尖锐，需要调整的利益格局愈加固化，需要突破的体制机制障碍愈加坚硬。

历史经验告诉中国共产党人，改革开放中的矛盾只能用改革开放的办法来解决。中国要前进，就要全面深化改革；除了全面深化改革，别无他途。正是在这样的情势下，党的十八届三中全会专门研究全面深化改革问题。既提出了全面深化改革的总目标——完善和发展中国特色社会主义制度、推进国家治理体系和治理能力现代化，也在总目标统领下，明确了经济体制、政治体制、文化体制、社会体制、生态文明体制和党的建设制度等方面深化改革的战略重点、优先顺序、主攻方向、工作机制、推进方式和时间表、路线图，形成了改革理论和政策的一系列新的重大突破。自此，全面深化改革大刀阔斧、攻坚克难，呈现出全面发力、多点突破、蹄疾步稳、纵深推进的局面，解决了许多长期想解决而没有解决的难题，办成了许多过去想办而没有办成的大事，使中国特色社会主义制度更加完善，国家治理体系和治理能力现代化水平明显提高，全社会发展活力和创新活力明显增强，人民群众获得感、幸福感、安全感不断提升。

关于全面深化改革的总目标，习近平指出："这里面有一个前一句和后一句的关系问题。前一句，规定了根本方向，我们的方向就是中国特色社会主义道路，而不是其他什么道路。……后一句，规定了在根本方向指引下完善和发展中国特色社会主义制度的鲜明指向。两句话都讲，才是完整的。只讲第二句，不讲第一句，那是不完整、不全面的。”[1]这就深刻阐释了全面深化改革的立场、方向、原则问题。立场就是人民立场，即坚持以人民为中心的价值取向，做到人民关心什么、期盼什么，改革就抓什么、推进什么，保障人民平等参与的权利，使改革发展成果更多更公平地惠及全体人民。近年来，个人所得税减免、养老金并轨、收入稳定增长、社保待遇提高……一系列惠民利民政策落地开花，就是全面深化改革人民立场的具体体现。

方向就是社会主义方向，即不断推进社会主义制度的自我完善和发展，不能对社会主义制度改弦更张，不能为了迎合某些人的“掌声”，把西方的理论、观点生搬硬套在自己身上，有主张、有定力，“该改的、能改的我们坚决改，不该改的、不能改的坚决不改”[2]。原则就是坚持党的集中统一领导，即全面深化改革的每一方面、每一步骤都不是轻而易举的，都必须充分发挥党总揽全局、协调各方的领导核心作用，既要摸石头过河，又要加强顶层设计，既不能什么都不动、什么也不改，也不能在根本性问题出现颠覆性错误。

开放也是改革。中国拥有 5000 多年的灿烂文明，在一段很长的历史时间里都处于世界前列，然而近代两三百年的封闭造成

1 《习近平关于全面深化改革重要论述摘编》，中央文献出版社 2014 年版，第 20—21 页。

2 习近平：《论全面深化改革》，中央文献出版社 2018 年版，第 516—517 页。

了中国的落伍。新中国成立后，受制于特定历史条件，中国仍然处于相对封闭的环境中。改革开放以来，中国以改革促开放，打开国门搞建设，实现了从封闭半封闭到全方位开放的伟大转折。特别是 2001 年加入世界贸易组织以来，中国对外开放的大门越开越大，不仅带来了中国发展的澎湃春潮，也激活了世界经济的一池春水。但是近年来，在世界经济低迷、全球市场萎缩的情况下，一些国家保护主义、单边主义盛行，“去全球化”“逆全球化”的言论和行动甚嚣尘上。有人担心，中国开放的大门是否会关上，中国开放的道路还能走多远？

对此，习近平给出了明确回答：“世界经济的大海，你要还是不要，都在那儿，是回避不了的。”“中国经济要发展，就要敢于到世界市场的汪洋大海中去游泳，如果永远不敢到大海中去经风雨、见世面，总有一天会在大海中溺亡。”[1]针对世界上出现的一些“逆全球化”动向，习近平指出，这“只不过是全球化潮流中激起的几朵浪花，阻挡不住全球化大潮。全球化出现一些问题并不可怕，不能因噎废食，动辄采取保护主义、单边主义措施，不能采取以邻为壑的自私做法。”[2]正确的选择应该是，“坚持合

---

1 习近平:《论坚持推动构建人类命运共同体》，中央文献出版社 2018 年版，第 402 页。

2 《习近平出席第二十三届圣彼得堡国际经济论坛全会并致辞》，《人民日报》2019 年 6 月 8 日。

作共赢理念，信任而不是猜忌，携手而不是挥拳，协商而不是谩骂，以各国共同利益为重，推动经济全球化朝着更加开放、包容、普惠、平衡、共赢的方向发展。”[1]

鉴于此，在世界经济不稳定性、不确定性突出的情况下，中国的对外开放非但没有止步，反而推出了一系列进一步扩大开放的政策措施。比如，提出共建“一带一路”倡议，发布海南自由贸易港市场准入特别措施，赋予浦东新区新的历史使命，搭建中国国际进口博览会、中国国际服务贸易交易会等开发合作平台。这些政策措施，既充分彰显了中国开放自信的大国气度和计利天下的大国担当，也为推动世界经济实现更高质量、更有韧性的发展注入了强大正能量。

已过千山万水，仍需跋山涉水。在全面建设社会主义现代化国家的新征程上，弘扬伟大改革开放精神，坚持和完善中国特色社会主义制度、推进国家治理体系和治理能力现代化，逢山开路、遇水搭桥，将改革开放进行到底，中国共产党和中国人民一定能够创造出让世界刮目相看的新的更大奇迹！

1　习近平：《在第三届中国国际进口博览会开幕式上的主旨演讲》，《人民日报》2020 年 11 月 5 日。

三、全面依法治国

“法者，治之端也。”法治兴则国兴，法治强则国强。从人类历史上第一部成文法《汉谟拉比法典》推动古巴比伦王国进入全盛时代，到中国唐朝的《贞观律》《唐律疏议》奠定大唐盛世的法律基础，历史反复证明，依法治理是最可靠、最稳定的治理，什么时候重视法治、法治昌明，什么时候就国泰民安，什么时候忽视法治、法治松弛，什么时候就国乱民怨。

近代以来，要不要走法治道路、走什么样的法治道路，一直是中国人民面临的历史性课题。鸦片战争后，许多仁人志士都想变法图强，但均以失败告终。中国共产党在领导中国人民进行新民主主义革命的过程中，不断探索适合中国情况的法治道路，在中央苏区、陕甘宁边区等局部地区都制定实施过涉及土地、婚姻、劳动、财经等方面的法律。新中国成立后，废除国民党的旧法统，在《共同纲领》和“五四宪法”的基础上，确立了社会主义的宪法制度和立法、行政、司法体制。改革开放后，中国共产党深刻总结历史上法治建设正反两方面的经验，提出“有法可依、有法必依、执法必严、违法必究”的社会主义法制建设方针，强调“依法治国，建设社会主义法治国家”的政治体制改革目标，从实践中走出了一条中国特色社会主义法治道路。

进入新时代，中国改革发展稳定形势总体趋好，但因发展不平衡不充分引致的人民内部矛盾和其他社会矛盾更加凸显，党风政风也存在一些不容忽视的问题，其中大量矛盾和问题都与有法不依、执法不严、司法不公、违法不究相关。同时，随着社会发展进步，人民群众对法治的要求也越来越高，依法治国在党和国家工作全局中的地位更加突出、作用更加重要。鉴于这种情势，党的十八届四中全会专门研究全面依法治国问题。随后，全面依法治国被纳入“四个全面”战略布局予以推进。在这个过程中，习近平创造性地提出一系列全面依法治国的新理念新思想新战略，形成习近平法治思想，深刻回答了新时代为什么实行全面依法治国、怎样实行全面依法治国等一系列重大问题，指导推动中国特色社会主义法治建设发生历史性变革、取得历史性成就。

习近平指出：“全面推进依法治国总目标是建设中国特色社会主义法治体系，建设社会主义法治国家。”[1]根据这个总目标，全面依法治国是一项庞大的系统工程，涉及立法、执法、司法、守法的各个环节，涉及统筹推进“五位一体”总体布局、协调推进“四个全面”战略布局的各个方面。表现在治国理政中，无论科学立法、加快完善以宪法为统帅的中国特色社会主义法律体系，

1　《习近平关于全面依法治国重要论述摘编》，中央文献出版社2015年版，第33页。

还是严格执法、确保各级政府都在法治轨道上开展工作，无论公正司法、努力让人民群众在每一个司法案件中都感受到公平正义，还是全民守法、推动法治信仰日渐深入人心，都需要进行顶层设计、做出总体安排。在这样的设计和安排中，必须坚持的一条最根本的原则是中国共产党领导。这是因为，中国宪法“确认了中国共产党的执政地位，确认了党在国家政权结构中总揽全局、协调各方的核心地位，这是中国特色社会主义最本质的特征，是中国特色社会主义制度的最大优势，是社会主义法治最根本的保证”[1]。

中国讲的依法治国，就是广大人民群众在中国共产党领导下，依照宪法和法律规定，通过各种途径和形式管理国家事务，管理经济文化事业，管理社会事务，保证国家各项工作都依法进行，逐步实现社会主义民主的制度化、法律化，使这种制度和法律不因领导人的改变而改变，不因领导人看法和注意力的改变而改变。中国讲的依宪治国、依宪执政，不是要否定和放弃中国共产党领导，而是强调党领导人民制定宪法和法律，党领导人民执行宪法和法律，党自身必须在宪法和法律范围内活动，这与西方所谓的“宪政”本质上是不同的。在中国，不存在“党大还是法大”的问题。作为一个整体，党处于执政地位、领导地位，但具体到每

1 习近平：《论坚持全面依法治国》，中央文献出版社2020年版，第201页。

个党政组织、每个领导干部，都必须服从和遵守宪法法律，不能以党自居，把党的领导作为个人以言代法、以权压法、徇私枉法的挡箭牌。有些事情是要提交党委把握，但这不是私情插手、包庇性的插手，而是一种政治性、程序性、职责性的把握。这个界限一定要划分清楚。

作为法治建设的“纲”，中国特色社会主义法治体系是一个内容丰富的有机整体。加快建设这个体系，需要加强形成完备的法律规范体系、高效的法律实施体系、严密的法律监督体系、有力的法律保障体系，形成完善党内法规体系。

良法是善治的前提。建设中国特色社会主义法治体系，首要的是完善以宪法为核心的中国特色社会主义法律体系。目前，中国特色社会主义法律体系已经形成，但是还需要适应中国特色社会主义进入新时代的要求进一步完善。比如，在现实生活中，不少人有过这样的体验：同一平台上的同一款产品或服务，对“熟客”的报价可能比新用户更高；刚在一个购物平台上浏览过某商品信息，就收到另一个购物平台推送的相关信息……如此等等，滥用网络轨迹、大数据“杀熟”问题引发社会广泛关注。为回应这种关注，2021 年全国人大常委会通过了《中华人民共和国个人信息保护法》。再如，为深化“证照分离”改革，推进“放管服”改革，全国人大常委会“一揽子”修改了道路交通安全法等八部法律；为贯彻实施外商投资法，进一步扩大对外开放，国务院“一揽子”修改了22部行政法规，废止了一部行政法规……每一次立法，都是对时代命题的回应、人民智慧的汇聚、法治建设的跃升，为推动形成既生机勃勃又井然有序的良好社会局面提供了有力法律支撑。

天下之事，不难于立法，而难于法之必行。建设中国特色社会主义法治体系，必须建立高效的法治实施体系。为此，首要的是用科学有效、系统完备的制度体系保证宪法实施，维护宪法尊严，把实施宪法提高到新水平；基本的是加快建设执法、司法、守法等方面的体制机制，坚持依法行政和公正司法，做到有法必依、执法必严、违法必究，确保法律的全面有效实施；关键的是守护好公平正义这条法治的生命线，把保障和促进社会公平正义贯穿到法治实施的全过程、各方面。党的十八大以来，以习近平同志为核心的党中央深入推进司法体制改革，设立最高人民法院巡回法庭、建立并全面实施检察机关提起公益诉讼制度、推进以审判为中心的诉讼制度改革、实行办案质量终身负责制和错案责任倒查问责制等，都是在重点解决司法工作中损害群众权益的突出问题；提出决不允许对群众的报警求助置之不理、决不允许让普通群众打不起官司、决不允许滥用权力侵犯群众合法权益、决不允许知法犯法造成冤假错案等，都是在切实坚守公平正义的法治灵魂，维护宪法和法律的尊严和权威，确保宪法和法律全面有效实施。

没有监督的权力必然导致腐败，这是一条铁律。建设中国特色社会主义法治体系，必须以规范和约束公权力为重点，构建党统一指挥、全面覆盖、权威高效的监督体系，把党内监督同国家机关监督、民主监督、司法监督、群众监督、舆论监督贯穿起来，增强监督合力，提高监督实效，做到有权必有责、有责要担当、失责必追究。比如，各级司法机关普遍推行阳光司法，从接报案开始，相关信息全要素网上记载、全流程网上运转；现场执法时，执法记录仪客观全面记录执法活动；在办案区，视频监控全覆盖，执法活动全记录；询问犯罪嫌疑人时，全程同步录音录像。再如，中央依法治国委员会办公室在全国范围内开展法治督查，通过走访、暗访各类一线执法服务部门，与领导干部、执法办案人员谈话，访谈律师、民营企业家、群众等，发现问题，向被督查部门反馈并提出整改建议，以对账销号的方式督促整改，有力推进各地方各部门不断加快法治政府建设步伐。

“徒善不足以为政，徒法不足以自行。”建设中国特色社会主义法治体系，必须建立一套强有力的法治保障体系。这就要切实加强中国共产党对全面依法治国的领导。一方面，党统筹依法治国各领域工作，确保党的主张贯彻到依法治国的全过程、各方面；另一方面，党既要坚持依法治国、依法执政，自觉在宪法和法律范围内活动，又要发挥好各级党组织和广大党员、干部在依法治国中的政治核心作用和先锋模范作用。同时，要建设一支政治过硬、业务过硬、责任过硬、纪律过硬、作风过硬的高素质法治队伍。2021 年开展的全国政法队伍教育整顿便是有力举措。通过这场刮骨疗毒的自我革命，中国政法队伍净化了思想，纯洁了机体，完善了制度，清除了害群之马，整治和改善了群众急难愁盼的问题，使群众对更高水平的平安中国、法治中国更加可感可期。

四、全面从严治党

百年来，带领一个落后国家走向强盛、一个沉沦民族走向复兴，中国共产党在进行伟大社会革命的同时，也在一刻不停地进行着伟大自我革命。正是一次次拿起手术刀革除自身病症，一次次依靠自身力量和与群众相结合的力量解决自身问题，中国共产党才攻克一个又一个看似不可攻克的难关，取得一个又一个看似难以取得的胜利。正如习近平指出："中国共产党的伟大不在于不犯错误，而在于从不讳病忌医，敢于直面问题，勇于自我革命。"[1]

1 《习近平关于全面从严治党论述摘编》，中央文献出版社 2021 年版，第 18 页。

之所以有自我革命的勇气，就在于中国共产党除了国家、民族和人民的利益，没有任何自己的特殊利益。正所谓“不谋私利才能谋根本、谋大利，才能从党的性质和根本宗旨出发，从人民根本利益出发，检视自己；才能不掩饰缺点、不回避问题、不文过饰非，有缺点克服缺点，有问题解决问题，有错误承认并纠正错误”[1]。

从历史上看，1922 年中国共产党制定的第一部党章即专设“纪律”一章，规定对违反纪律的党员严肃处理。1926 年，党中央专门发出关于坚决清洗贪污腐化分子的通告，这是党的历史上第一份反腐败文件。通过 1942 年至 1945 年的延安整风，共产党加强了民主集中制建设，严明了纪律和规矩，使自身在千锤百炼中成为了中华民族的中流砥柱。新中国成立后不久，中国共产党又在全党开展大规模的整风运动，坚决反对官僚主义、命令主义，坚决抵制特权思想、特权现象。改革开放后，中国共产党继续推进党的建设新的伟大工程，通过《关于党内政治生活的若干准则》，开展大规模的全面整党和一系列思想教育活动，不断推动伟大自我革命，使自身始终保持先进性、纯洁性和旺盛生命力。

2012 年 11 月 15 日，在刚刚闭幕的党的十八届一中全会上

1 《习近平关于全面从严治党论述摘编》，中央文献出版社 2021 年版，第 20 页。

当选为中共中央总书记的习近平，在人民大会堂东大厅，面对500多名中外记者，掷地有声地指出："新形势下，我们党面临许多严峻挑战，党内存在许多亟待解决的问题，尤其是一些党员干部中发生的贪污腐败、脱离群众、形式主义、官僚主义等问题，必须下大力气解决。全党必须警醒起来。打铁还需自身硬。"[1]两天后，在十八届中共中央政治局第一次集体学习时，习近平进一步指出："近年来，一些国家因长期积累的矛盾导致民怨载道、社会动荡、政权垮台，其中贪污腐败就是一个很重要的原因，大量事实告诉我们，腐败问题越演越烈，最终必然会亡党亡国！我们要警醒啊！"[2]2013年6月28日，在全国组织工作会议上，习近平强调："党要管党，才能管好党；从严治党，才能治好党。对我们这样一个拥有8500多万党员、在一个13亿人口大国长期执政的党，管党治党一刻不能松懈。如果管党不力、治党不严，人民群众反映强烈的党内突出问题得不到解决，那我们党迟早会失去执政资格，不可避免被历史淘汰。这决不是危言耸听。"[3]2014年12月，习近平在江苏调研时强调："全面从严治党是推

1 《习近平谈治国理政》第1卷，外文出版社2018年版，第4页。

2 《习近平谈治国理政》第1卷，外文出版社2018年版，第16页。

3 《习近平关于全面从严治党论述摘编》，中央文献出版社2021年版，第4–5页。

进党的建设新的伟大工程的必然要求。”[1] 这是中国共产党历史上第一次提出“全面从严治党”，并将其提升到战略高度，与全面建成小康社会、全面深化改革、全面依法治国并列形成“四个全面”战略布局。

在“四个全面”战略布局中，全面从严治党是推进其他“三个全面”的前提和保障。不全面从严治党，处于执政地位的中国共产党就做不到“打铁必须自身硬”，也就难以发挥好领导核心作用。

党的作风就是党的形象，作风问题关系人心向背，关系党的生死存亡。党的十八大闭幕后15天，2012年12月4日，中央政治局召开会议，审议通过了关于改进工作作风、密切联系群众的八项规定。短短600多字，从调查研究、会议活动、文件简报、出访活动、警卫工作、新闻报道、文稿发表、勤俭节约等8个方面，对加强作风建设立下规矩。此后三天，作为中共中央总书记的习近平第一次出京到广东省调研。在深圳市，车队累计行程150多公里，途经市区多条主干道，但沿途不封闭任何道路，车队与公交车、出租车、私家车并行。12月8日，习近平到深圳莲花山公园向邓小平铜像敬献花篮，周末前来看杜鹃花展的数百名游客惊

---

1 《习近平关于协调推进“四个全面”战略布局论述摘编》，中央文献出版社2015年版，第144页。

喜地与总书记不期而遇。献花仪式结束后，习近平走进游客中间，和他们亲切地握手、打招呼。在整个广东调研期间，习近平都是轻车简行，不封路、不清场、不铺地毯、没有安排群众迎送、没有出现欢迎横幅、住的是普通套房、吃的是自助餐。见微知著，处处细节所体现的风气改观不言自明。正如此前习近平指出："党风廉政建设，要从领导干部做起，领导干部首先要从中央领导做起。正所谓己不正，焉能正人。最重要的就是防微杜渐，不要'温水煮青蛙'。""我们不舒服一点、不自在一点，老百姓的舒适度就好一点、满意度就高一点，对我们的感觉就好一点。这也是新形象新气象。"[1] 正是这样，从抓"舌尖上的浪费"到抓"车轮上的铺张"，从查"月饼盒里的不正之风"到查"楼堂馆所的豪华"，招招实锤直击人民群众反映强烈的突出问题，党风政风为之一振，社会风气为之一新，作风建设成为了党的建设的亮丽名片。

腐败是社会的毒瘤。反对腐败、建设廉洁政治，是中国共产党一贯坚持的鲜明政治立场。2013 年 1 月，在中共十八届中央纪委二次全会上，习近平强调："从严治党，惩治这一手决不能放松。要坚持'老虎''苍蝇'一起打，既坚决查处领导干部违纪违法案件，又切实解决发生在群众身边的不正之风和腐败问题。要坚持党纪国法面前没有例外，不管涉及到谁，都要一查到底，

---

1 《习近平关于全面从严治党论述摘编》，中央文献出版社 2021 年版，第 305、306 页。

决不姑息。”[1]言必行，行必果。党的十八大以来，面对一段时间内党内出现的比较严重的腐败问题，以习近平同志为核心的党中央以“得罪千百人，不负十四亿”的意志，以猛药去疴、重典治乱的决心，以刮骨疗毒、壮士断腕的勇气，坚持反腐败无禁区、全覆盖、零容忍，坚定不移“打虎”“拍蝇”“猎狐”，以雷霆之势、霹雳手段惩治腐败，持续形成强大震慑。

有数据统计，截至 2021 年 11 月，中共十八届、十九届中央纪委共立案审查调查中管干部 453 人；全国纪检监察机关共立案审查案件 380.5 万件、查处 408.9 万人、给予党纪政务处分 374.2 万人；自 2014 年“天网行动”开展以来，从 120 个国家和地区追回外逃人员 9165 人，其中党员和国家工作人员 2408 人，追回赃款 217.39 亿元；2020 年年底，中国国家统计局的调查显示，95.8% 的群众对全面从严治党、遏制腐败充满信心，比党的十八大前 2012 年的调查提高了 16.5 个百分点。

事实一再证明，在解决腐败这个古今中外治国理政的顽疾方面，中国共产党不仅有着鲜明的态度，更有着实际的行动、实在的效果。当前，尽管反腐败斗争已经取得压倒性胜利，但中国共产党对形势的严峻性和复杂性一直保持着高度警醒。正如习近平

1　《习近平关于全面从严治党论述摘编》，中央文献出版社 2021 年版，第 357—358 页。

指出，“权力是最大的腐蚀剂。我们党全面领导、长期执政，党员、干部时刻面临被‘围猎’、被腐蚀的危险。……反腐败斗争不能退，也无处可退，必须坚定不移向纵深推进”[1]，为此提出深化标本兼治，一体推进不敢腐、不能腐、不想腐的反腐败斗争基本方针。其中，“‘不敢’是前提，要以严格的执纪执法增强制度刚性，让党员、干部从害怕被查处的‘不敢’走向敬畏党和人民、敬畏党纪国法的‘不敢’；‘不能’是关键，要科学配置权力，加强重点领域监督机制改革和制度建设，推动形成不断完备的制度体系、严格有效的监督体系；‘不想’是根本，要靠加强理想信念教育，靠提高党性觉悟，靠涵养廉洁文化，夯实不忘初心、牢记使命的思想根基。”[2]这样，中国在实践中走出了一条依靠中国共产党领导反对腐败、依靠社会主义法治严惩腐败、依靠社会主义制度优势治理腐败的正确道路，迎来了政治生态的海晏河清、朗朗乾坤。

没有规矩，不成方圆。中国共产党是靠革命理想和铁的纪律组织起来的马克思主义政党，纪律严明是中国共产党的光荣传统和独特优势。党的十八大以来，面对复杂的世情、国情、党情，

---

1 《习近平关于全面从严治党论述摘编》，中央文献出版社 2021 年版，第 380–381 页。

2 《习近平关于全面从严治党论述摘编》，中央文献出版社 2021 年版，第 383 页。

作为世界第一大党的中国共产党，要在幅员辽阔、人口众多的中国长期执政，必须有铁的纪律来保证。正如习近平指出："我们这么大一个政党，靠什么来管好自己的队伍？靠什么来战胜风险挑战？除了正确理论和路线方针政策外，必须靠严明规范和纪律。"[1] 把加强纪律建设作为全面从严治党的治本之策，前提是有纪可依。以习近平同志为核心的党中央制定、修订《关于新形势下党内政治生活的若干准则》《中国共产党廉洁自律准则》《中国共产党纪律处分条例》《中国共产党党内监督条例》《中国共产党重大事项请示报告条例》等一系列党内法规，扎紧、扎密、扎牢制度的笼子，用政治纪律、组织纪律、廉洁纪律、群众纪律、工作纪律、生活纪律划出党纪底线，使纪律成为全体党员的基本遵循。其中特别强调政治纪律是最重要、最根本、最关键的纪律，是全党在政治方向、政治立场、政治言论、政治行动等方面的刚性约束。

如果政治纪律成了摆设，就会形成"破窗效应"，党就会沦为各取所需、各行其是的"私人俱乐部"，最终走向分崩离析。纪律制定出来之后，关键是执行。在习近平看来，"遵守党的纪律是无条件的，要说到做到，有纪必执，有违必查，而不能合意

---

1 《习近平关于严明党的纪律和规矩论述摘编》，中央文献出版社2015年版，第5页。

的就执行，不合意的就不执行，不能把纪律作为一个软约束或是束之高阁的一纸空文。”[1]对违规违纪，破坏法规制度踩“红线”、越“底线”、闯“雷区”的，要严肃查处，不以权势大而破规，不以问题小而姑息，不以违者众而放任，不留“暗门”、不开“天窗”。同时，把维护纪律的严肃性同信任爱护干部统一起来，把惩前毖后、治病救人方针贯穿到纪律审查全过程，让“红红脸、出出汗”成为常态，推动管党治党从“盯住极少数”向“管住大多数”转变。

百年大党风华正茂，千秋伟业再启新程。踏上实现第二个百年奋斗目标新的赶考之路的中国共产党，还要继续面临长期执政考验、改革开放考验、市场经济考验、外部环境考验，继续面临精神懈怠危险、能力不足危险、脱离群众危险、消极腐败危险，唯有继续坚持全面从严治党，推进党的建设新的伟大工程，才能继续保持越是艰险越向前的英雄气概，推动中国特色社会主义事业航船劈波斩浪、一往无前。

1 《习近平关于严明党的纪律和规矩论述摘编》，中央文献出版社2015年版，第76页。

第五章

中国理论的实践保障有哪些?

千秋伟业强基石。中华民族伟大复兴绝不是轻轻松松、敲锣打鼓就能实现的，必然会面对各种重大挑战、重大风险、重大阻力、重大矛盾。这是中国由大向强发展进程中无法回避的挑战，是实现中华民族伟大复兴绕不过的门槛。如何建设强大的人民军队？如何实现祖国完全统一？如何在世界的“百花园”中扩大中国的“朋友圈”？这是踏上新时代新征程的中国共产党和中国人民实现伟业、圆梦强国必须解决的重大战略问题。

一、中流砥柱：“听党指挥，能打胜仗，作风优良”的人民军队

1900 年，八国联军的大炮架在北京正阳门，在紫禁城举行了一场耀武扬威的阅兵仪式，中华民族就是在这样的屈辱中走进 20 世纪的。当时的中国，内部没有人民民主而受封建压迫，外部没有民族独立而受帝国主义侵略。特殊的国情决定了中国要实现人民解放、民族独立，必须有自己强大的军队。但是，从清末新

军到武昌义军，从北洋军阀到国民党军阀，都没有建立起这样的军队，更没有完成这样的历史使命。

1927 年 8 月 1 日，南昌城头的枪声标志着刚刚诞生六年的中国共产党建立了自己独立领导的人民军队。从这一刻开始，中华民族有了对抗黑暗的强大力量、实现梦想的坚强保障、走向复兴的胜利之光。1929 年 12 月下旬，红四军党的第九次代表大会在福建省上杭县古田村召开，史称“古田会议”。会议通过的毛泽东起草的决议案，规定“红军是一个执行革命的政治任务的武装集团”[1]，必须绝对服从中国共产党领导，必须担负打仗、筹款和做群众工作的任务，必须加强思想政治工作。古田会议创造性地解决了在农村环境中、在党组织和军队以农民为主要成分的情况下，如何保持党的无产阶级先锋队性质和建设党领导的新型人民军队的重大问题，奠定了人民军队区别于一切旧军队的政治特质和根本优势。此后，从红军到八路军、新四军，再到人民解放军，变的是名称，不变的是接受中国共产党绝对领导、服务于党和人民需要的责任担当。

革命战争年代，人民军队历经五次反“围剿”和两万五千里长征，折断日寇的尖刀，战胜国民党的铁骑，开辟农村包围城市、武装夺取政权的革命道路，为中国共产党夺取全国政权建立了不

1 《毛泽东选集》第 1 卷，人民出版社 1991 年版，第 86 页。

朽功勋。新中国成立后，人民军队以舍生忘死的革命英雄主义精神，取得抗美援朝战争和多次边境自卫战的胜利，投入轰轰烈烈的社会主义革命和建设，为巩固新生人民政权、确立中国大国地位、维护中华民族尊严做出了杰出贡献。改革开放后，随着党和国家工作中心转移到经济建设上来，人民军队被赋予新的使命任务。从百万大裁军到走中国特色精兵之路，从积极推进中国特色军事变革到加快国防和军队建设科学发展，从依法履行香港、澳门防务职责，到守卫边疆海疆、制止社会动乱、打击分裂破坏活动，人民军队自觉服从党和国家工作大局，出色完成了多样化军事任务。与此同时，人民军队更加自觉地传承和发展自身的人民血脉。从抗洪救灾到抗击非典，从汶川抗震到亚丁湾、索马里海域救援，哪里最危险，哪里最需要，哪里就有人民子弟兵。一次次抢险救灾，一次次解除危难，人民军队赢得了中国人民最深情的赞誉：这是一支最好的军队，这是一群最可爱的人，是他们为中国筑起了最坚固的安全屏障。

党的十八大之后，以习近平同志为核心的党中央在新时代坚持和发展中国特色社会主义的进程中，着眼实现中华民族伟大复兴的中国梦，对坚持走中国特色强军之路、全面推进国防和军队现代化做出战略部署，明确党在新时代的强军目标是建设一支听党指挥、能打胜仗、作风优良的人民军队，把人民军队建成世界一流军队，由此形成了习近平强军思想，开拓了中国特色强军之路，把当代中国马克思主义军事理论和军事实践的发展推向了新境界。

听党指挥是灵魂，决定军队建设的政治方向。新中国成立70多年来，面对国内外敌对势力的围攻遏制、干扰破坏，社会主义中国之所以能够站稳脚跟，岿然屹立于世界东方，一个重要原因就在于有一支坚决执行中国共产党政治任务、对党和人民忠贞不渝的人民军队。坚持党对人民军队的绝对领导，是中国的基本军事制度，也是敌人最惧怕中国的一点，是保证党长期执政、国家长治久安的根本法宝。2014年10月，习近平在福建古田主持召开全军政治工作会议，对新时代政治建军做出部署，把人民军队政治工作的理论和实践提升到一个新境界、推进到一个新舞台。由此，全军重整行装再出发，健全党领导军队的制度体系，全面深入贯彻军委主席负责制，严肃查处军内重大腐败案件并彻底肃清其流毒影响，严明政治纪律和组织规矩，培养有灵魂、有本事、有血性、有品德的革命军人，锻造具有铁一般信仰、铁一般信念、铁一般纪律、铁一般担当的过硬部队，确保中国共产党在各种重大挑战、重大风险、重大阻力、重大矛盾面前，“任凭风浪起，稳坐钓鱼船”。

同样道理，人民军队之所以能够屡屡以劣势装备战胜强敌，成为一支拖不垮、打不烂、攻无不克、战无不胜的钢铁雄师，最根本也是靠中国共产党的坚强领导。在漫长的革命道路上，人民军队的将士们讲得最多的一句话是：只要跟党走，一定能胜利。正是这种对党的绝对忠诚，造就了人民军队和人民的鱼水情意，造就了人民军队为党和人民冲锋陷阵的坚定意志。2020 年，面对突如其来的新冠肺炎疫情，人民军队听党指挥、闻令而动，奋战在医疗救治、科研攻关、运输投送等第一线，便是例证。事实一再证明，在党的坚强领导下，人民军队军魂不变、本色不改，敢打硬仗、善打胜仗，始终是党和人民完全可以信赖的英雄军队。

能打胜仗是核心，反映军队的根本职能和军队建设的根本指向。军队是要准备打仗的，能打仗、打胜仗是党对人民军队的根本要求，是军队的职责使命所在。中国拥有两万两千多公里的陆地边界、一万八千多公里的大陆海岸线，是世界上邻国最多、陆地边界最长、海上安全环境十分复杂的国家之一。目前，中国还没有实现完全统一，同周边多个国家存在领土主权和海洋权益争端。解决好这些问题，是中国必须跨越的关口，也是在实现中华民族伟大复兴历史进程中必须正确处理和应对的重大风险挑战。同时，随着中国全方位开放不断扩大，越来越多的企业、机构和人员走出国门、开展国际合作，中国的海外利益遍布全球。国家利益发展到哪里，安全保障就必须跟进到哪里。近年来，多次发生的中国驻外机构和海外企业遭袭事件，使海外安全保障成为中国必须解决的一大问题。

此外，中国始终是世界和平的建设者、全球发展的贡献者、国际秩序的维护者，中国军队始终是维护世界和平的坚定力量。适应国际体系变革、推动构建人类命运共同体，中国必然为维护和平的国际环境和周边环境发挥更大作用。这些都是新时代人民军队的使命任务。完成这些使命任务，如习近平指出的，“没有真刀真枪的能力，光能吆喝，谁听你的！”[1]为此，党的十八大以来，中国在深入推进政治建军的同时，深入推进改革强军，打破长期实行的总部体制、大军区体制、大陆军体制，形成军委管总、战区主战、军种主建的新格局；深入推进科技强军，构建国防科技创新体系，聚力突破航母、核潜艇、空军主力战机、东风系列战略导弹等关键核心技术；深入推进人才强军，把培养干部和人才摆在更加突出的位置，锻造高素质专业化的军事人才方阵；深入推进依法治军，构建完善的中国特色军事法治体系，推动治军方式根本性转变。通过这些举措，全面加强练兵备战，把新时代军事事业不断推向前进。

作风优良是保证，关系军队的性质、宗旨、本色。军队打胜

1　《习近平新时代中国特色社会主义思想学习问答》，学习出版社、人民出版社 2021 年版，第 391 页。

仗，人民是靠山。有了民心所向、民意所归、民力所聚，人民军队就能无往而不胜、无敌于天下。无论革命、建设还是改革，中国共产党始终代表着中国最广大人民的根本利益。作为中国共产党缔造和领导的人民军队，自然传承着中国共产党的“红色基因”。从革命战争年代打败凶恶的国内外敌人，到新中国成立后胜利进行抗美援朝战争和多次边境自卫反击作战，人民军队屡屡创造“小米加步枪”战胜“飞机加大炮”、小舢板打败大军舰的战争奇迹，很重要的原因就是具有为党和人民的利益而战斗的崇高追求、以“气”胜“钢”的拼刺刀精神、“一不怕苦、二不怕死”的英雄气概。这些是人民军队区别于其他军队的鲜明标识，是人民军队从小到大、从弱到强、从胜利走向胜利的重要保证。

党的十八大之后，习近平反复强调：“作风优良才能塑造英雄部队，作风松散可以搞垮常胜之师。”[1] 这是对古今中外治军经验的精辟概括，也是对中国共产党建军规律的深刻揭示。根据这样的经验和规律，党的十八大以来，人民军队坚决贯彻习近平主席和军委的决策指示，认真落实中央政治局改进工作作风、密切联系群众的“八项规定”和中央军委加强自身作风建设的“十项规定”要求，大抓作风建设，取得显著成效。比如，带头牢记和

1 《习近平新时代中国特色社会主义思想三十讲》，学习出版社 2018 年版，第 267 页。

落实与人民心心相印、与人民同甘共苦、与人民团结奋斗的要求，始终做人民信赖、人民拥护、人民热爱的子弟兵，不断发展坚如磐石的军政军民关系；把纪律建设作为核心内容，强化官兵号令意识，有效解决弱化党对军队绝对领导的突出问题；锲而不舍、驰而不息地把作风建设和反腐败斗争引向深入，培养部队令行禁止、步调一致的良好作风，培育军内风清气正的政治生态。

建设一支听党指挥、能打胜仗、作风优良的人民军队，确保到2027年实现建军百年奋斗目标，到2035年基本实现国防和军队现代化，到本世纪中叶把人民军队全面建成世界一流军队，这是中国共产党在新时代推进国防和军队现代化建设新“三步走”的战略安排。根据这个战略安排接续推进，人民军队有信心有能力打败一切来犯之敌，维护国家主权、安全和发展利益，谱写强军事业新篇章，为实现第二个百年奋斗目标、实现中华民族伟大复兴的中国梦、维护世界和平与发展做出新的更大贡献！

二、祖国统一：“一国两制”的伟大创举

从遥远的古代起，中国各族人民共同开发祖国河山，建立起了紧密的政治、经济、文化联系，两千多年前就形成了幅员辽阔的统一国家。历史上，中国虽然也曾出现过分裂时期，但不久以

后又都统一了。中国各族人民深深懂得分则弱、合则强的道理，强烈地反对分裂、反对战乱，希望国家统一、民族团结。近代以来，由于帝国主义侵略，中国局部地区处于分离状态，澳门、香港、台湾先后被葡萄牙、英国、日本等列强掳去，遭受殖民统治。正如诗人闻一多的《七子之歌》所倾诉："我离开你的襁褓太久了，母亲！""我天天数着归宁的吉日。"这种"失养于祖国"的悲哀之情，唱出了近代以来被掳去家园的游子们对祖国母亲的无限怀念，也激励着一代代中华儿女立志振兴中华、完成祖国统一大业。

1949 年中华人民共和国成立后，退据台湾的国民党统治集团在美国支持下抗拒统一，图谋反攻大陆，由此形成台湾与大陆长期分裂对峙的局面，产生了台湾问题。1958 年，毛泽东发出铮铮誓言："台、彭、金、马整个地收复回来，完成祖国统一，这是我们六亿五千万人民的神圣任务。"[1] 同时，根据台湾局势的变化，中国共产党提出和平解放台湾的政策主张。改革开放以后，邓小平根据国内国际形势新的深刻变化，在毛泽东关于争取和平解放台湾思想的基础上，创造性提出"一国两制"的科学构想，形成了"和平统一、一国两制"的基本方针。"具体说，就是在中华人民共和国内，十亿人口的大陆实行社会主义制度，香港、

---

1 《毛泽东文集》第 7 卷，人民出版社 1999 年版，第 426 页。

台湾实行资本主义制度。”[1]这是一项前无古人的开创性事业，是中国为国际社会解决类似问题提供的一个新思路新方案，是中华民族为世界和平发展做出的新贡献。

“一国两制”构想最先是针对台湾问题提出来的，但首先运用于解决香港、澳门问题。1982 年 9 月，邓小平在会见英国首相撒切尔夫人时指出：“如果中国在 1997 年，也就是中华人民共和国成立 48 年后还不把香港收回，任何一个中国领导人和政府都不能向中国人民交代，甚至也不能向世界人民交代。如果不收回，就意味着中国政府是晚清政府，中国领导人是李鸿章！”[2]正是在这样的坚强意志下，中国同英国、葡萄牙分别就解决香港问题、澳门问题展开谈判，并于 1997 年、1999 年先后实现了香港、澳门回归祖国。从此，香港、澳门在祖国怀抱里不断向前发展，保持了长期繁荣稳定。

回归以来，香港作为全球第四大金融中心、第八大贸易体、第五大集装箱吞吐港、第四大船舶注册地，本地生产总值已由 1997 年的 1.4 万亿港元增至 2022 年的 2.8 万亿港元，在主要发达经济体中位居前列。世界银行发布的数据显示，香港在政治稳定、政府效能、社会法治、贪腐控制、公民表达等方面的指标，

1　《邓小平文选》第 3 卷，人民出版社 1993 年版，第 58 页。

2　《邓小平文选》第 3 卷，人民出版社 1993 年版，第 12 页。

都远远高于回归前。澳门本地生产总值已从1999年的519亿澳门元增至2019年的4451.2亿澳门元，人均水平在世界名列前茅。2019年发布的《全球经济自由度指数》报告显示，澳门在全球180个经济体中排名第三十四位，在亚太地区43个经济体中排名第九位，成为世界上最活跃的微型经济体之一。事实证明，“一国两制”行得通、办得到、得人心，是解决历史遗留的香港、澳门问题的最佳方案，也是香港、澳门回归后保持长期繁荣稳定的最佳制度。

党的十八大以来，随着中国特色社会主义进入新时代，“一国两制”事业也进入了新时代。继续保持香港、澳门繁荣稳定，面临着难得的历史机遇。但同时，在实践中不断探索前进的“一国两制”也不可避免地遇到了一些新情况新问题。特别是在一个时期内，受内外各种复杂因素影响，“反中乱港”活动猖獗，香港局势一度出现严峻局面。

解决这些问题，归根结底是要全面准确地理解和贯彻“一国两制”方针，特别是把握好“一国”和“两制”的关系，明确“‘一国’是根，根深才能叶茂；‘一国’是本，本固才能枝荣。……必须牢固树立‘一国’意识，坚守‘一国’原则，正确处理特别行政区和中央的关系。任何危害国家主权安全、挑战中央权力和香港特别行政区基本法权威、利用香港对内地进行渗透破坏的活动，都是对底线的触碰，都是绝不能允许的。与此同时，在‘一国’的基础之上，‘两制’的关系应该也完全可以做到和谐相处、相互促进。要把坚持‘一国’原则和尊重‘两制’差异、维护中央权力和保障香港特别行政区高度自治权、发挥祖国内地坚强后盾作用和提高香港自身竞争力有机结合起来，任何时候都不能偏废。只有这样，‘一国两制’这艘航船才能劈波斩浪、行稳致远。”[1]

在具体工作中，面对香港基本法第23条本地立法迟迟没有完成、香港特别行政区在维护国家安全方面处于世所罕见的“不设防”状况，中央果断出手，2020年6月，十三届全国人大常委会第二十次会议通过《中华人民共和国香港特别行政区维护国家安全法》，为香港特区行政、立法和司法机关依法防范、制止和惩治危害国家安全的行为和活动提供了有力制度保障，成为维护香港稳定的“定海神针”。2021年3月，《全国人民代表大会关于完善香港特别行政区选举制度的决定》以及新修订的香港基本法的两个附件《香港特别行政区行政长官的产生办法》《香港特别行政区立法会的产生办法和表决程序》先后通过，为确保香港长治久安提供了坚实制度保障，成为“一国两制”事业的重要里程碑。这些都体现了中央依照宪法和基本法对香港、澳门两个特别行政区享有的宪制权力，即中国政府对香港、澳门恢复行

1　《习近平谈治国理政》第2卷，外文出版社2017年版，第435页。

使主权，这个主权就是全面管治权。

可以说，全面管治权与高度自治权是源与流、本与末的关系，全面管治权是高度自治权的前提和基础，高度自治权是全面管治权的具体体现。高度自治不是完全自治，也不是分权，而是中央授予特别行政区的地方事务管理权。中央有权对特别行政区高度自治权的行使情况进行监督，有权对特别行政区违反“一国两制”和基本法的行为予以纠正。所以，在“一国两制”实践中，必须始终维护中央的全面管治权。在任何时候，都不能将全面管治权和高度自治权对立起来；在任何情况下，特别行政区行使高度自治权都不得损害国家主权和全面管治权，更不能以高度自治权对抗全面管治权。在新时代新征程上，只有把维护中央对特别行政区全面管治权和保障特别行政区高度自治权有机结合起来，才能推动“一国两制”实践在香港、澳门再谱新篇章，再创新辉煌！

“一国两制”在香港、澳门的成功实践，为解决台湾问题提供了实践样本。解决台湾问题、实现祖国完全统一，是中国共产党矢志不渝的历史任务，是全体中华儿女的共同心愿，是中华民族的根本利益所在。20 世纪 80 年代末 90 年代初，围绕台湾问题的内外环境发生了巨大变化。国际上，美国加紧利用台湾问题对中国进行牵制。台湾岛内，“台独”势力开始膨胀，“台独”思潮日渐蔓延。与此同时，两岸人员往来不断扩大，经济、文化、科技、体育等领域的交流蓬勃发展。1992 年，海峡两岸关系协会与台湾海峡交流基金会达成共识，同意各自以口头方式表述“海峡两岸均坚持一个中国原则”，即“九二共识”。但此后，两岸关系的发展一波三折，“台独”势力在分裂祖国的道路上越走越远，台海局势极不稳定。

党的十八大以来，以习近平同志为核心的党中央坚持对台大政方针不动摇，坚持一个中国原则和“九二共识”，推动两岸关系和平发展，推进祖国和平统一进程，实现两岸领导人历史性会晤，加强两岸经济文化交流合作，妥善应对台湾局势变化，坚决反对和遏制“台独”分裂图谋，坚决遏阻外部势力干涉，有力维护了台海和平稳定。习近平指出：“台湾问题因民族弱乱而产生，必将随着民族复兴而解决！”“‘和平统一、一国两制’是实现国家统一的最佳方式，体现了海纳百川、有容乃大的中华智慧，既充分考虑台湾现实情况，又有利于统一后台湾长治久安。”[1] 也就是说，70 多年来，尽管海峡两岸尚未完全统一，但中国的主权和领土从未分割，大陆和台湾同属一个中国的事实从未改变。

一个中国原则是两岸关系的政治基础。坚持一个中国原则，两岸关系就能改善和发展，台湾同胞就能受益；背离一个中国原

1　习近平:《在〈告台湾同胞书〉发表 40 周年纪念会上的讲话》,《人民日报》2019 年 1 月 3 日。

则，就会导致两岸关系紧张动荡，损害台湾同胞切身利益。两岸中国人都应该意识到，民族复兴、国家统一是大势所趋、大义所在、民心所向，都应该为此共同努力，谋求国家统一、抚平历史创伤。作为中华民族一分子的广大台湾同胞，更应该做堂堂正正的中国人，认真思考台湾在民族复兴中的地位和作用，把促进国家完全统一、实现民族伟大复兴作为无上光荣的事业。

为了完成这一事业，就必须坚决反对和遏制任何形式的“台独”。“台独”分裂势力及其活动损害国家主权和领土完整，是两岸关系和平发展的最大障碍，是台海和平稳定的最大威胁。坚决维护国家主权和领土完整，绝不容忍国家分裂的历史悲剧重演，是中国共产党对历史和人民的庄严承诺。包括两岸同胞在内的所有中华儿女，要和衷共济、团结向前，共担民族复兴的责任，共享民族复兴的荣耀。“任何人都不要低估中国人民捍卫国家主权和领土完整的坚强决心、坚定意志、强大能力！祖国完全统一的历史任务一定要实现，也一定能够实现！”[1]

新时代，中国共产党的政策很明确，“中国人不打中国人。我们愿意以最大诚意、尽最大努力争取和平统一的前景，因为以和平方式实现统一，对两岸同胞和全民族最有利。我们不承诺放

---

1 习近平：《在纪念辛亥革命110周年大会上的讲话》，《人民日报》2021年10月10日。

弃使用武力，保留采取一切必要措施的选项，针对的是外部势力干涉和极少数‘台独’分裂分子及其分裂活动，绝非针对台湾同胞。两岸同胞要共谋和平、共护和平、共享和平。”[1]和平统一后，“一国两制”在台湾的具体实现形式会充分考虑台湾现实情况，会充分吸收两岸各界意见和建议，会充分照顾到台湾同胞利益和感情。在确保国家主权、安全、发展利益的前提下，台湾同胞的社会制度和生活方式等将得到充分尊重，台湾同胞的私人财产、宗教信仰、合法权益将得到充分保障。总之，国家强大、民族复兴、两岸统一是历史大势，任何人任何势力都无法阻挡！祖国必须统一，也必然统一。

今天的中国，已经抖落历史的尘埃；古老的民族，已经踏上复兴的新征程。历史不能选择，现在可以把握，未来可以开创。前进道路不可能一帆风顺，但有“一国两制”的坚强保障、中华儿女的勠力同心，香港、澳门、台湾同胞必将与祖国人民一道，共同实现中华民族伟大复兴的梦想，共同过上富足美好的生活。

1　习近平：《在〈告台湾同胞书〉发表40周年纪念会上的讲话》，《人民日报》2019年1月3日。

三、大国外交：坚持走和平发展道路

中华民族是爱好和平的民族，中国人民是爱好和平的人民。对和平、和睦、和谐的追求深深植根于中华民族的精神世界之中，静静流淌在中国人民的血脉之中。2100 多年前，中国人就开通了丝绸之路，推动东西方平等开展文明交流，留下了互利合作的足迹，沿路各国人民受益匪浅。600 多年前，中国著名航海家郑和率领当时世界上最强大的船队“七下西洋”，远涉亚非 30 多个国家和地区，没有占领一寸土地，播撒了和平的种子，留下了同沿途各国人民友好交往和文明传播的佳话。近代以后，中华民族遭到西方列强长期的侵略和欺凌，但中国人民没有学习他们弱肉强食的强盗逻辑，而是在内心深处植入了对战争与动荡的刻骨记忆、对和平与安定的孜孜追求。中国人民愿意同世界各国人民和睦相处、和谐发展，共谋和平、共护和平、共享和平。

新中国成立初期，国际上列强环伺，以美国为首的西方国家不愿意看到他们在东方划定的势力范围被打破，企图通过政治孤立、经济封锁、军事威胁等强硬手段，从根本上搞垮中国。为了确保中国“站起来”且“站得稳”，中国共产党奉行独立自主的和平外交政策，强调中国的事情必须由中国人自己来处理，任何国家不得干涉。1953 年，周恩来在会见印度政府代表团时，首次提出互相尊重主权和领土完整、互不侵犯、互不干涉内政、平等互利、和平共处的五项原则。毛泽东认为："五项原则是一个长期方针，不是为了临时应付的。这五项原则是适合我国的情况的，我们需要长期的和平环境。"[1]

正是在坚持和平共处五项原则的基础上，中国同一大批亚非拉民族独立国家和法国等资本主义国家建立了外交关系，不仅维护了中国的国家主权，而且促进了人类进步事业的发展。20 世纪 70 年代，随着中华人民共和国恢复在联合国的合法席位、中美关系大门打开、中日关系正常化、许多西方国家都与中国建交，中国的国际地位大大提升。

党的十一届三中全会以后，邓小平对世界形势变化进行了深入研究和分析，提出和平与发展成为时代主题的重大判断。根据这一判断，中国走上了一条与基本国情和时代特征相适应的和平发展道路，既通过争取和平国际环境来发展自己，又通过自己发展来促进世界和平。一方面，中国向世界做出了永远不称霸、永远不搞扩张的庄严承诺；另一方面，中国对国际事务也绝不袖手旁观、置身事外，比如在应对 1997 年亚洲金融危机、2008 年国际金融危机中均发挥了至关重要的作用。

党的十八大以后，中国特色社会主义进入新时代，中国日益

1　《毛泽东文集》第 6 卷，人民出版社 1999 年版，第 374 页。

走近世界舞台的中央。面对复杂严峻的国际形势，以习近平同志为核心的党中央紧扣服务民族复兴、促进人类进步这条主线，高举和平、发展、合作、共赢的旗帜，推进和完善全方位、多层次、立体化的外交布局，推动构建新型国际关系，倡导构建人类命运共同体，努力开创中国特色大国外交新局面。

近年来，中国持续张开双臂拥抱世界，积极发展全球伙伴关系。从领导人交往到国与国合作，从双边互动到多边舞台……频繁密集的外交活动，生动体现了中国的朋友遍天下。截至 2023 年 9 月，中国已经同 182 个国家建立外交关系，同 120 多个国家和国际组织建立了不同形式的伙伴关系，中国共产党还同世界上 500 多个政党和政治组织保持着经常性联系。中国的朋友圈越来越大、好伙伴越来越多，标注了中国与世界互动的新高度，展现了大国外交的新节奏。在国与国交往中，中国倡导走出一条对话而不对抗、结伴而不结盟的新路。在这条新路上，中国着力运筹大国关系，推进大国合作，构建总体稳定、均衡发展的国际关系。比如，中国与俄罗斯的新时代全面战略协作伙伴关系，是当今世界互信程度最高、协作水平最高、战略价值最高的一对大国关系。

中美关系是当今世界最重要的双边关系之一。但近年来，美国一些政客公开宣称中国为“主要战略竞争对手”，挑起“中美贸易战”……这一系列干涉中国内政、损害中国利益、严重破坏中美关系的错误言行，导致两国关系出现少有的严峻复杂局面。中国一贯认为，中美两国合则两利、斗则两伤。中国致力于同美国发展不冲突、不对抗、相互尊重、合作共赢的双边关系，同时坚定捍卫中国的主权、安全和发展利益。欧洲是多极化世界中的重要一极，中国致力于与欧洲打造和平、增长、改革、文明的全面战略伙伴关系，共同维护全球和平稳定。

在处理好大国关系的同时，中国按照亲诚惠容的理念和与邻为善、以邻为伴的方针，深化同周边国家的合作。从致力于朝鲜半岛无核化的目标到接续中日友好合作的使命，从支持东盟共同体建设到与南亚各国和睦相处，中国欢迎周边国家搭乘中国快速发展的“快车”“便车”，让中国的发展成果更多惠及周边国家。中国秉持正确义利观和真实亲诚理念，加强同发展中国家的团结合作，实现了整体合作机制全覆盖，形成了携手并进、共同发展的新局面。

当今世界，和平发展大势不可逆转。中国坚持走和平发展道路，但绝不放弃国家的正当权益，绝不牺牲国家的核心利益。面对一些外国势力在涉疆、涉藏、涉港、台湾以及所谓的人权、民族、宗教、司法等问题上粗暴干涉中国内政，在南海、东海等问题上危害中国领土主权和安全利益的各种图谋和行为，以习近平同志为核心的党中央原则坚定、立场鲜明，敢于碰硬、坚决斗争，坚定维护了中国的主权、安全和发展利益。在涉疆、涉藏问题上，中国严厉打击“三股势力”的国际合作，牢牢把握反分裂国际斗争的主动权。在涉港、涉澳和台湾问题上，中国坚决反对任何外部势力干涉中国内政，不断巩固一个中国的国际共识。在南海、东海问题上，中国积极稳妥应对相关争议，坚定捍卫领土主权和正当合理的海洋权益。

此外，中国还积极同国际社会开展反腐败追逃追赃合作。数据显示，截至党的二十大，“天网行动”共追回外逃人员 10668 人，追回赃款 447.9 亿元，“百名红通人员”61 人归案，新增外逃腐败分子数量大幅下降。这些都显示，今天的中国已经不是 100 年前的中国，中国人民爱好和平，“从来没有欺负、压迫、奴役过其他国家人民，过去没有，现在没有，将来也不会有。同时，中国人民也绝不允许任何外来势力欺负、压迫、奴役我们，谁妄想这样干，必将在 14 亿多中国人民用血肉筑成的钢铁长城面前碰得头破血流！”[1]

宇宙只有一个地球，人类共享一个家园，各国同处一个世界。今天，世界正站在一个新的历史起点上，各国相互关联、相互依存的程度前所未有地加深。习近平以深邃的历史眼光和博大的天

1 习近平：《在庆祝中国共产党成立 100 周年大会上的讲话》，《人民日报》2021 年 7 月 2 日。

下情怀，深入思考“建设一个什么样的世界、如何建设这个世界”这一关乎人类前途命运的重大课题，提出构建人类命运共同体的理念。人类命运共同体，顾名思义，就是每个民族、每个国家的前途命运都紧紧联系在一起，应该风雨同舟，荣辱与共，努力把我们生于斯、长于斯的这个星球建成一个和睦的大家庭，把世界各国人民对美好生活的向往变成现实。

中国作为世界上最大的发展中国家和成长最快的主要经济体，一直坚持中国是世界之中国，中国的发展进步离不开世界，世界的和平繁荣也离不开中国，中国同世界是休戚与共的命运共同体。党的十八大以来，针对减贫、反恐、气候变化、网络安全、地区安全等国际和地区热点问题，中国以人类前途命运为要，心系世界和平与发展，展现出负责任大国的担当。2017年和2021年，习近平两次在达沃斯世界经济论坛发表演讲。一次针对保护主义、孤立主义逆流，点亮了经济全球化的灯塔；一次直面新冠肺炎疫情和与之相关的政治病毒，举起了多边主义的火炬。

面对全球治理体系全面重塑的现状，中国坚持以联合国宪章为基础的国际关系基本准则，积极融入以联合国为核心的国际体系和以国际法为基础的国际秩序。比如，严格履行《巴黎协定》《不扩散核武器条约》《禁止生物武器公约》《禁止化学武器公约》等国际公约，在联合国框架下积极开展能源安全、粮食安全、生物安全、极地、外空、海洋等领域的国际交流与合作。秉持共商、共建、共享的全球治理观，中国实施共建“一带一路”倡议，发起创立亚洲基础设施投资银行，设立丝路基金，举办中国共产党与世界政党高层对话会、亚洲文明对话大会，推动全球治理体系向着更加公正合理的方向发展，使中国的发展成果更多、更好地惠及各国人民。这些都已表明，在攸关世界前途命运的重大关头，中国没有缺席也决不会缺席。

习近平指出：“中国共产党是为中国人民谋幸福的党，也是为人类进步事业而奋斗的党。”[1] 在新时代新征程上，中国共产党将一如既往地为世界和平安宁作贡献，为世界共同发展做贡献，为世界文明交流互鉴做贡献。中国人民愿意同世界各国人民一起，在构建人类文明共同体这条人间正道上携手前行，共同建设持久和平、繁荣美好的和谐世界！

---

1 《习近平谈治国理政》第 3 卷，外文出版社 2020 年版，第 436 页。

第六章

中国理论的创立者和发展者是谁？

中国理论指导中国实践，创造中国奇迹，培植中国自信。中国理论从哪里来？从中国共产党领导中国革命、建设和改革的百年历程中来。中国理论的创立者和发展者是谁？是坚持把马克思主义基本原理同中国具体实际相结合、同中华优秀传统文化相结合，不断推进马克思主义中国化时代化的中国共产党。历史和人民选择了中国共产党领导。中国共产党领导是全面领导、集中统一领导，是中国特色社会主义最本质的特征。在实现中华民族伟大复兴的新征程上，中国共产党将继续发挥总揽全局、协调各方的领导核心作用。

一、历史和人民选择了中国共产党领导

1840 年鸦片战争后，中国逐步沦为半殖民地半封建社会。500 多个不平等条约被迫签署，150 多万平方公里国土被迫割让，9 亿多两白银被迫“赔偿”，数千万同胞惨遭杀害……面对中华民族遭受的前所未有的劫难，为了挽救民族危亡、实现民族振兴，

中国人民和无数仁人志士孜孜不倦地寻找着适合中国国情的政治制度模式。辛亥革命之前，太平天国运动、洋务运动、戊戌变法、义和团运动、清末新政等都未能取得成功。辛亥革命之后，又尝试过君主立宪制、帝制复辟、议会制、多党制、总统制等各种形式，各种政治势力及其代表人物纷纷登场，都没能找到正确答案，中国依然是山河破碎、积贫积弱，列强依然在中国横行霸道、攫取利益，中国人民依然生活在苦难和屈辱之中。历史反复证明，旧式农民战争、不触动旧的社会根基的自强运动、各种名目的改良主义、资产阶级革命派领导的民主主义革命、照搬西方政治制度模式的各种方案，都不能完成中华民族救亡图存的历史任务，都不能让中国的政局和社会稳定下来，都不能为中国的国家富强、人民幸福提供制度保障。

俄国十月革命的胜利，让在黑暗中摸索的中国人民看到了希望和出路。1920 年 12 月，毛泽东在给蔡和森等的信中写道："我看俄国式的革命，是无可如何的山穷水尽诸路皆走不通了的一个变计。"[1] 这表明，当时中国的先进分子已经从马克思列宁主义那里找到了拯救中华民族的正确道路：走俄国人的路。所以，中国共产党一经成立，就把实现社会主义、共产主义确立为自己的奋斗目标，义无反顾地担负起实现中华民族伟大复兴的历史重任，

---

1 《毛泽东书信选集》，人民出版社 1983 年版，第 5-6 页。

“唤起工农千百万”，带领中国人民为推翻帝国主义、封建主义、官僚资本主义三座大山进行艰苦卓绝的斗争。

在创业时期，中国共产党发动和领导工人罢工，掀起了中国工人运动的第一次高潮。第一次国共合作实现后，中国共产党继续推动中国工人、农民、学生、妇女等革命群众运动蓬勃开展。在北伐战争中，国民革命军正是高唱着共产党人创作的“打倒列强，除军阀”胜利进军的。共产党员、共青团员舍生忘死、发挥了先锋模范作用，湘鄂赣地区的工农运动也极大地支援了北伐军。后来，国民党的蒋介石、汪精卫集团相继背叛革命，大肆屠杀共产党人，这以血的事实教育和锻炼了中国各革命阶级，为后来共产党领导的土地革命战争奠定了群众基础。

土地革命战争时期，正如毛泽东在《井冈山的斗争》中所说：“红军的物质生活如此菲薄，战斗如此频繁，仍能维持不敝，除党的作用外，就是靠实行军队内的民主主义。官长不打士兵，官兵待遇平等，士兵有开会说话的自由，废除烦琐的礼节，经济公开。……尤其是新来的俘虏兵，他们感觉国民党军队和我们军队是两个世界。他们虽然感觉红军的物质生活不如白军，但是精神得到了解放。同样一个兵，昨天在敌军不勇敢，今天在红军很勇敢，就是民主主义的影响。”[1] 这生动地说明了中国共产党的领导是军

1 《毛泽东选集》第 1 卷，人民出版社 1991 年版，第 65 页。

心所向、民心所向。

在全国抗日救亡运动高涨之际，中国共产党及时提出了建立抗日民族统一战线的主张。红军改编为国民革命军后，迅速开赴抗日前线，取得了全国抗战以来中国军队的第一次大胜利——平型关大捷。在整个抗战过程中，中国共产党实行人民战争路线，领导全国人民，指挥八路军、新四军等全国各地的革命抗日武装力量，一度抗击着六成以上的日军和九成以上的伪军，为坚持抗战、夺取抗战最后胜利，发挥了中流砥柱作用，做出了彪炳史册的贡献。与此同时，共产党领导下的抗日民主根据地的崭新面貌，也使共产党赢得了人民群众的广泛拥护和社会各界的普遍信任。正如 1940 年 5 月南洋华侨领袖陈嘉庚访问延安后所感叹："在那里，人人平等，相亲相爱，有如兄弟。刻苦耐劳从事建设，成绩斐然……""余观感之余，衷心无限兴奋，梦寐神驰，为我大中华民族庆祝也！""中国有救星，胜利有保证，中国的希望在延安！"

抗日战争胜利后，中国人民热切希望和平民主，建设一个新中国。共产党在争取和平民主方面付出了巨大努力。但是，国民党统治集团为了维护大地主、大资产阶级的统治，越来越把注意力放在消灭中国共产党和其他民主力量方面。1946 年 6 月，全面内战爆发。中国人民彻底认清了国民党统治集团的真实面目，更加拥护共产党的人民民主革命路线。1949 年 4 月，当百万雄师过大江、由北向南解放全中国时，各民主党派、爱国人士、社会贤达响应中国共产党号召，或坐火车或乘轮船，由南往北汇聚在党中央周围，共商国是、共襄盛举，迎接新中国的诞生。这一幕历史活剧，描绘出了一幅共产党领导人民打江山、坐江山的“万里江山图”。正如宋庆龄在中国人民政治协商会议第一次全体会议上感慨：“我们达到今天的历史地位，是由于中国共产党的领导。这是唯一拥有人民大众力量的政党。”

到底是什么让中国共产党赢得了全体中国人民的信任和支持？1949 年 10 月 1 日，毛泽东在开国大典上发出的历史强音——“人民万岁”给出了最好回答。72 年后，在同样的地点，习近平在庆祝中国共产党成立 100 周年大会上做出了新时代的回应：“伟大、光荣、英雄的中国人民万岁！”

正是这样，一百年来，中国共产党人用生命捍卫了人民，用铁的纪律感动了人民，把权力交给了人民，用真情护佑了人民，这才赢得了人民的信任和支持。1934 年 10 月，在贵州石阡的困牛山上，敌军把百姓抓来当“肉盾”，无路可退的红军喊出：宁死不伤百姓，宁死不当俘虏。不到 20 岁的陈世荣吹响冲锋号，与上百名战友砸烂枪支，纵身跳崖。1948 年秋，辽沈战役进行中，人民解放军来到锦州。据梯子沟村老书记何清泉回忆：“当时家里房前屋后都种着苹果，解放军不摘树上的苹果，掉在地上的也不拿一个。”

1954 年 9 月，第一届全国人民代表大会第一次会议全票通过《中华人民共和国宪法》，明确规定“一切权力属于人民”，几千年王朝的“家天下”变成了亿万人民当家作主的“国家”。2008 年，胡小燕等 3 人成为首批农民工全国人大代表，为 2 亿多农民工代言；如今，45 名农民工当选十三届全国人大代表，越来越多的基层代表进入了最高国家权力机关。2020 年春节，面对突发的新冠肺炎疫情，党中央一声令下，4.26 万名医务人员逆行出征。接下来就是生命至上的全力以赴，从出生 30 小时的婴儿到年满百岁的老人，一个都不能放弃，一个也没有放弃，而医务人员牺牲了 29 位，其中党员超过七成。

1945 年 4 月，毛泽东在党的七大上指出：“从古以来，中国没有一个集团，像共产党一样，不惜牺牲一切，牺牲多少人，干这样的大事。”[1] 从“全心全意为人民服务”到“坚持以人民为中心”；从满足“人民日益增长的物质文化需要”到满足“人民日益增长的美好生活需要”，中国共产党以人民为标尺，持之以恒地答好人民考卷。中国共产党不愧为中国工人阶级先锋队、中国人民和中华民族先锋队，中国共产党的领导地位和执政地位不

1　《毛泽东文集》第 3 卷，人民出版社 1996 年版，第 292 页。

是自封的，而是历史的必然选择，是广大人民群众共同心愿的集中体现。

历史上，中国共产党确实也犯过错误。但是中国共产党对于自己所犯的错误，一是敢于正视，敢于公开承认，二是能够依靠自己的力量加以纠正，并且在纠正之后及时地总结历史经验，为的是把后续的路走得更好。一个敢于承认错误又勇于纠正错误的党，无愧为伟大的党。历史上，中国共产党主要靠武装斗争摧毁了旧政权，建立了人民当家作主的新政权，这代表了中国最广大人民的根本利益，其正义性与合法性是显而易见的。而今，中国共产党仍然代表中国最广大人民的根本利益，在长期执政中创造了世所罕见的经济快速发展奇迹和社会长期稳定奇迹，赢得了中国人民的衷心拥戴，其正义性和合法性也是毋庸置疑的。

简单套用西方资本主义国家的“政治合法性”理论来裁剪中国共产党长期执政的现实，必然陷入别有用心者设置的话语陷阱。现实中，中国共产党是中国特色社会主义事业的领导核心，在中国处于长期执政地位，但中国实行的并不是共产党“一党专政”，而是共产党领导的多党合作和政治协商制度。共产党是执政党，各民主党派是参政党，相互之间有着共同的政治基础、奋斗目标和根本利益，长期共存、互相监督。这样的新型政党制度从根本上区别于西方资本主义国家实行的不同利益集团互相倾轧、争权夺利的两党制或多党制。

过去一百年中，中国共产党向历史、向人民交出了一份优异的答卷。现在，中国共产党团结带领中国人民，踏上了实现第二个百年奋斗目标的新的赶考之路。要到 2035 年基本实现社会主义现代化，到本世纪中叶把中国建成富强民主文明和谐美丽的社会主义现代化强国，更是离不开中国共产党的坚强领导。面对世界百年未有之大变局加速演进，面对中国发展不平衡不充分问题依然突出，面对党的自身建设还存在一些与走好新的赶考之路不相匹配、不相适应的地方，要把 14 亿多人口的思想和力量统一起来，继续创造经济快速发展奇迹和社会长期稳定奇迹，必须毫不动摇地坚持中国共产党对一切工作的领导，更好地发挥中国共产党领导这一中国特色社会主义制度的最大优势。

二、中国共产党领导是全面领导

“没有共产党就没有新中国。共产党辛劳为民族，共产党他一心救中国……”一代代中华儿女唱着这首发自心底的歌，迎来了新中国，走进了新时期，迈入了新时代。2021 年 7 月 1 日，在天安门城楼上，习近平雄浑有力地宣示：“没有中国共产党，就没有新中国，就没有中华民族伟大复兴。”[1] 这是中国共产党回望百年历史、展望新的征程得出的一条最重要最基本的结论。

作为中国革命、建设、改革事业的领导核心，中国共产党是怎样实现自己的领导的？从中国共产党的百年历史可以看到，什么时候坚持了党的全面领导，党和人民的事业就健康发展；什么时候弱化甚至放弃了党的全面领导，党和人民的事业就受到挫折甚至失败。

在大革命后期，中国共产党的领导机关犯了以陈独秀为代表的右倾机会主义错误，“自愿地放弃对于农民群众、城市小资产阶级和中等资产阶级的领导权，尤其是放弃对于武装力量的领导权”[2]。当国民党反动集团叛变革命、屠杀共产党人和革命群众时，共产党不能有效地组织人民进行抵抗，结果使轰轰烈烈的大革命归于失败。土地革命战争时期，由于王明“左”倾教条主义在很长的时间内占据了中央领导地位，以毛泽东为代表的正确主张受到排挤，最终导致第五次反“围剿”失败、中国工农红军被迫长征。

遵义会议是党的历史上一个生死攸关的转折点，事实上确立了毛泽东在红军和中央的领导地位，在最危急的关头挽救了党、挽救了红军、挽救了中国革命。抗日战争时期，党率先高举武装

1　习近平：《在庆祝中国共产党成立一百周年大会上的讲话》，《人民日报》2021 年 7 月 2 日。

2　《毛泽东选集》第 4 卷，人民出版社 1991 年版，第 1257—1258 页。

抗日的旗帜，推动实现第二次国共合作，通过思想引领、战略引领等，保持自己在抗日民族统一战线中的领导权，领导八路军、新四军和敌后人民抗日武装战斗在抗日最前沿，成为了全民族抗战的中流砥柱，为夺取抗日战争胜利做出了最大贡献。

新中国成立后，中国共产党作为执政党，成为了全国人民的领导核心。毛泽东曾明确指出："工、农、商、学、兵、政、党这七个方面，党是领导一切的。党要领导工业、农业、商业、文化教育、军队和政府。"[1] 正是在中国共产党的全面领导下，中国人民赢得了抗美援朝战争胜利，恢复了国民经济，建立了社会主义基本制度，取得了社会主义建设的伟大成就。但在"文化大革命"初期，党的全面领导遭到破坏，结果使国家发展陷入内乱之中，人民的事业遭到了新中国成立以来最严重的挫折和损失。

党的十一届三中全会后，党重新确立了正确的思想路线、政治路线、组织路线，开启了改革开放和社会主义现代化建设的新时期。当时，邓小平明确指出："在中国这样的大国，要把几亿人口的思想和力量统一起来建设社会主义，没有一个由具有高度觉悟性、纪律性和自我牺牲精神的党员组成的能够真正代表和团结人民群众的党，没有这样一个党的统一领导，是不可能设想的，

---

1 《毛泽东文集》第 8 卷，人民出版社 1999 年版，第 305 页。

那就只会四分五裂，一事无成。”[1]正是有了这样一个党的统一领导，尽管面临这样那样的风险挑战，但中国社会总体稳定，始终保持安定团结的政治局面，改革开放和社会主义现代化建设取得举世瞩目的伟大成就。

党的十八大以来，习近平着眼中华民族伟大复兴战略全局和世界百年未有之大变局，站在新时代坚持和发展中国特色社会主义的政治高度，深刻总结中国共产党领导中国革命、建设、改革的历史经验，对中国共产党领导的性质、定位、作用等做出一系列重大判断，明确“中国最大的国情就是中国共产党的领导，什么是中国特色？这就是中国特色”，“党政军民学、东西南北中，党是领导一切的”，“我们推进各方面制度建设、推动各项事业发展、加强和改进各方面工作，都必须坚持党的领导，自觉贯彻党总揽全局、协调各方的根本要求”[2]。2017 年 10 月，在党的十九大报告中，习近平提出新时代坚持和发展中国特色社会主义的 14 条基本方略，其中第一条就是“坚持党对一切工作的领导”；提出新时代党的建设总要求，打头的就是“坚持和加强党的全面领导”。

1　《邓小平文选》第 2 卷，人民出版社 1994 年版，第 341–342 页。

2　习近平：《中国共产党领导是中国特色社会主义最本质的特征》，《求是》2021 年第 14 期。

2019 年 10 月，在党的十九届四中全会概括出来的中国国家制度和国家治理体系具有的 13 个方面显著优势中，“坚持党的集中统一领导”位列第一。2021 年 11 月，在党的十九届六中全会通过的《关于党的百年奋斗重大成就和历史经验的决议》中，总结了中国共产党百年奋斗的十条历史经验，其中第一条就是“坚持党的领导”，强调“治理好我们这个世界上最大的政党和人口最多的国家，必须坚持党的全面领导特别是党中央集中统一领导，坚持民主集中制，确保党始终总揽全局、协调各方”。这样的政治安排，都在不断明确着中国共产党在中国特色社会主义事业中的领导核心地位，体现了全党的意志和国家的意志，反映了中国最广大人民的根本利益，使中国共产党的全面领导在国家运行机制和各项制度中具有了更强的制度约束力和更高的法律效力。

落实到治国理政中，“六合同风，九州共贯”。国家治理体系是由众多子系统构成的复杂系统，这个系统的核心是中国共产党，形象地说就是“众星捧月”。人大、政府、政协、监委、法院、检察院、军队，各民主党派和无党派人士，各企事业单位，工会、共青团、妇联等群团组织，都要坚持中国共产党领导，一个都不能少。这样的领导，纵向上贯穿中国组织体系的各个层级，横向上统领同一级别的其他组织。其中任何一个领域、方面、环节缺失了弱化了，都会削弱中国共产党的力量，损害党和国家的事业。

当然，坚持中国共产党全面领导并不是说党要包揽包办一切，事无巨细都抓在自己手上。习近平曾形象地描述过这个领导体系的运行：“在国家治理体系的大棋局中，党中央是坐镇中军帐的‘帅’，车马炮各展其长，一盘棋大局分明。”[1]也就是说，党、政、军、民、学在党中央集中统一领导下，既各司其职又相互配合，这样，治国理政才有方向、有章法、有力量，否则就会出现各自为政、一盘散沙的局面，不仅已经确定的目标不能实现，而且必定会产生灾难性后果。正是因为坚持了党的领导是全面领导、对一切工作的领导，使其覆盖经济建设、政治建设、文化建设、社会建设、生态文明建设以及国防军队、祖国统一、外交工作、党的建设等各领域各方面各环节，才在新时代推动党和国家事业取得历史性成就、发生历史性变革，创造了一个又一个让世界惊叹的奇迹。

面对摆脱贫困这个千年梦想，2015 年起中国共产党全面打响脱贫攻坚战。从中央最高指挥部到基层最后一公里，党政军民学劲往一处使，东西南北中拧成一股绳。建立中央统筹、省负总责、市县抓落实的脱贫攻坚管理体制，形成省、市、县、乡、村五级书记一起抓扶贫的局面；选派 25.5 个驻村工作队、300 多万名第一书记和驻村干部，同近 200 万名乡镇干部和数百万村干部

1　习近平：《中国共产党领导是中国特色社会主义最本质的特征》，《求是》2021 年第 14 期。

一道，奋战在扶贫第一线；组织东部 9 个省市 14 个城市结对帮扶中西部 14 个省区市，307 家中央单位定点帮扶 592 个贫困县，全军部队就近就地帮扶 4100 个贫困村，2.7 万家民营企业精准帮扶 13.91 万个村……正是在中国共产党的全面领导下，各方力量很快地汇聚起来，各种资源重新配置、集中流向贫困地区。到 2020 年底，中国历史性地解决了绝对贫困问题，在 960 多万平方公里的土地上创造了又一个彪炳史册的人间奇迹。

一件件、一桩桩，都离不开中国共产党坚强有力的全面领导。正是有了这样的领导，“一盘散沙”的中国成为了“一块整钢”。党中央权威得到有力保证，党的领导制度体系不断完善，党的领导方式更加科学，全党在思想上更加统一、政治上更加团结、行动上更加一致，党的政治领导力、思想引领力、群众组织力、社会号召力显著增强，为党和国家事业发展提供了根本政治保证。

三、中国共产党领导是集中统一领导

中国共产党是坚持真理、坚守理想，践行初心、担当使命的马克思主义政党。对于一个成熟的马克思主义政党来说，坚持民主集中制原则，坚持党中央权威和集中统一领导，是一项重大原则。马克思、恩格斯在总结巴黎公社失败教训时，曾深刻指出：“巴黎公社遭到灭亡，就是因为缺乏集中和权威。”[1] 此后不久，恩格斯专门写出《论权威》一文，指出“联合活动就是组织起来，而没有权威能够组织起来吗”，所以“一方面是一定的权威……另一方面是一定的服从，这两者都是我们不得不接受的”[2]。列宁在领导俄国革命的实践中，第一次明确提出民主集中制的组织原则和领导制度，要求在党的领导和建设中把民主基础上的集中和集中指导下的民主紧密结合起来。他曾明确指出:“造就一批有经验、有极高威望的党的领袖是一件长期的艰难的事情。但是做不到这一点,无产阶级专政、无产阶级的‘意志统一’就只能是一句空话。”[3]

中国共产党的百年历史恰恰印证了这一点。1921 年，党的一大通过的纲领就已规定，在全党建立统一的组织和严格的纪律，地方组织必须接受中央的监督和指导。1922 年，党的二大通过的章程具体阐述了党的民主集中制原则，提出“全国代表大会为本党最高机关”，“全国大会及中央执行委员会之决议，本党党员皆须绝对服从之”，“本党一切会议均取决多数，少数绝对服从多数”[4]。但在 1935 年遵义会议之前，由于没有形成一个成熟

---

1 《马克思恩格斯选集》第 4 卷，人民出版社 2012 年版，第 500 页。

2 《马克思恩格斯选集》第 4 卷，人民出版社 2012 年版，第 276、277 页。

3 《列宁全集》第 42 卷，人民出版社 1987 年版，第 100 页。

4 《建党以来重要文献选编》（1921—1949）第 1 册，中央文献出版社 2011 年版，第 167 页。

的党中央，党的事业几经挫折，甚至面临失败的危险。遵义会议集中全力纠正了当时具有决定意义的军事上和组织上的错误，开始逐步形成一个以毛泽东同志为核心的稳定的成熟的中央领导集体，实现了党的历史上具有深远意义的伟大转折。

此后，在长征路上同张国焘分裂主义的斗争，在抗战初期同王明右倾投降主义的斗争，都使这一点得到了新的验证。1943年10月，毛泽东专门论述了“统一领导”问题，认为“实行一元化的领导很重要，要建立领导核心，反对‘一国三公’”[1]。1945年4月，毛泽东又集中论述了看齐问题。他说：“要知道，一个队伍经常是不大整齐的，所以就要常常喊看齐，向左看齐，向右看齐，向中看齐。我们要向中央基准看齐，向大会基准看齐。看齐是原则，有偏差是实际生活，有了偏差，就喊看齐。”[2]毛泽东的这些思想，不仅直指当时党内存在的突出问题，而且着眼于中国革命事业的长远发展，为彻底打败日本帝国主义、夺取全国革命胜利，确立了十分重要的政治前提、思想前提和组织前提。

新中国成立后，毛泽东继续把建设一个全国范围的、广大群众性的、思想上政治上组织上完全巩固的党作为一项伟大工程。他明确指出：“中国共产党是全中国人民的领导核心。没有这样

1　《毛泽东文集》第3卷，人民出版社1996年版，第69页。

2　《毛泽东文集》第3卷，人民出版社1996年版，第290-298页。

一个核心，社会主义事业就不能胜利。”[1]1956 年，毛泽东创造性地提出增设中央政治局常务委员会，并提议由党中央主席、副主席和中央书记处总书记一起组成该委员会，作为中央领导集体的核心。1957 年，为了克服党和国家工作中的缺点，正确处理人民内部矛盾，帮助党内整风，毛泽东号召广大群众向党提意见。他说：“我们的目标，是想造成一个又有集中又有民主，又有纪律又有自由，又有统一意志、又有个人心情舒畅、生动活泼，那样一种政治局面，以利于社会主义革命和社会主义建设。”[2]

进入改革开放新时期，邓小平指出：“只有在民主的基础上，才能克服官僚主义、长官意志。但是，没有民主基础上的高度集中，就不能做到这些。讲党的领导，强调要有统一领导，要有权威。没有党的统一领导，就没有效率。……不统一，一事无成。”[3]1989 年，在处理严重政治风波的过程中，邓小平系统总结了党的三代中央领导集体核心的形成过程，深刻论述了党的领导核心问题。他说：“任何一个领导集体都要有一个核心，没有核心的领导是靠不住的。第一代领导集体的核心是毛主席。因为有毛主席做领导核心，‘文化大革命’就没有把共产党打倒。第二代实

1 《毛泽东文集》第 7 卷，人民出版社 1999 年版，第 303 页。

2 《建国以来毛泽东文稿》第 6 册，中央文献出版社 1992 年版，第 543 页。

3 《邓小平年谱》（1975—1997）上卷，中央文献出版社 2004 年版，第 499 页。

际上我是核心。因为有这个核心，即使发生了两个领导人的变动，都没有影响我们党的领导，党的领导始终是稳定的。进入第三代的领导集体也必须有一个核心……就是现在大家同意的江泽民同志。”[1] 此后，在苏联解体、东欧剧变的外部考验下，中国之所以能够守住改革发展稳定的大局，将中国特色社会主义成功推向21世纪，并取得全面建设小康社会的历史性成就，根本原因就是毫不动摇地坚持了中国共产党的集中统一领导。

党的十八大之后，在国际国内形势发生新的变化的情况下，继续坚持和发展中国特色社会主义的历史重担落到了以习近平为主要代表的中国共产党人身上。国际上，世界多极化、经济全球化深入发展，文化多样化、社会信息化持续推进，全球发展不平衡加剧，霸权主义、强权政治和新干涉主义有所上升，恐怖主义、网络安全、重大传染性疾病、气候变化等全球性问题更加突出，中国发展面临的外部环境更加复杂严峻。国内，改革进入深水区，经济发展进入新常态，一些深层次的矛盾和问题更加凸显，中国既要努力推进国家治理体系和治理能力现代化，又要在全面建成小康社会之后开启全面建设社会主义现代化国家的新征程。可以想象，治国理政担子之重、难度之大。这就更加迫切地需要长期执政的中国共产党有一种更加强大的政治定力，有一个思想上政

1　《邓小平文选》第3卷，人民出版社1993年版，第310页。

治上的“主心骨”。

一方面，经过长期发展，中国共产党已经建立起由党的中央组织、地方组织、基层组织构成的科学严密的组织体系。党的最高领导机关是党的全国代表大会和它所产生的中央委员会，中央委员会、中央政治局、中央政治局常务委员会是党的组织体系的大脑和中枢，党中央制定党的大政方针，具有定于一尊、一锤定音的权威。党的各级地方组织负责党中央的决策部署在本地区的贯彻落实，并把基层和党员的意见建议报送党中央，是承上启下、实现政令畅通的重要环节。截至 2022 年底，506.5 万个基层党组织，广泛分布在企业、农村、机关、学校、科研院所、街道社区、社会组织、解放军连队等基层单位，是党的肌体的“神经末梢”，负责把党中央和上级党组织的决策部署贯彻落实到基层末端，并收集反映党员和群众的意见建议。9800 多万党员在基层组织中发挥先锋模范作用。依托这种广泛的、严密的、坚强的组织体系，党中央既可以“如身使臂、如臂使指”，灵活高效地进行指挥，使党的大政方针和决策部署及时地、不折不扣地贯彻落实到基层，又可以使党的组织和党员深深扎根人民，不断巩固党的执政根基。

另一方面，随着世情、国情、党情深刻变化，一段时间内，无视党中央权威的现象还广泛存在，有些相当严重。其具体表现，恰如习近平指出：“有的立场不稳、丧失原则，在重大原则问题和大是大非面前立场摇摆、态度暧昧，没有同党中央保持高度一致；有的自以为是、胡言乱语，在重大政治问题上公开发表同党中央精神相违背的意见，对党中央大政方针说三道四；有的有令不行、有禁不止，在贯彻党的决议和党中央决策部署上搞上有政策下有对策，有的明明知道有问题，不但不抵制不报告，反而跻身其中、推波助澜，对党中央搞小动作；有的弄虚作假、欺上瞒下，事前不请示，事后不报告，或者只报成绩不报问题和缺点，向党中央打埋伏；有的自作主张、瞒天过海，对党中央决策部署打折扣、做选择、搞变通，致使党中央决策部署在贯彻执行中变形走样、落不了地；有的狂妄自大、阳奉阴违，把自己凌驾于党组织之上，把自己主政或分管的地方和部门当成'独立王国''私人领地'，拥护党中央的口号喊得震天响，实际上却是公开或者变相贩卖私货，背着党中央另搞一套；有的野心膨胀、权欲熏心，在党内培植个人势力，搞各种非组织派别活动，甚至公开搞分裂党的政治勾当，同党中央对着干。"[1]

面对新形势新任务，面对一段时间内党内存在的突出问题，党的十八大以来，习近平带领全党全军全国各族人民以刀刃向内的自我革命精神，以理论武装凝心聚魂，以整饬作风激浊扬清，

1　习近平：《论坚持党对一切工作的领导》，中央文献出版社 2019 年版，第 182—183 页。

以严明纪律强化约束，解决了许多长期想解决而没有解决的难题，办成了许多过去想办而没有办成的大事，攻克了一些司空见惯的顽瘴痼疾，消除了党和国家内部存在的严重隐患，党内政治生态明显好转，党和国家事业发生了历史性变革，中国特色社会主义进入了新时代。在这场新的伟大变革、伟大斗争中，习近平展现出坚定的信仰信念、鲜明的人民立场、非凡的政治智慧、顽强的意志品质、强烈的历史担当、高超的政治艺术，每当大风大浪来袭时，总能第一时间做出重要指示，集结起强大力量，汇聚起各种资源，给世人留下“面对危机，整个中国一跃而起”的深刻印象，由此赢得全党全军全国各族人民的衷心拥护，赢得国际社会的高度赞誉。习近平实际上已经成为党中央的核心、党的核心。

2016 年 10 月，党的十八届六中全会正式提出“以习近平同志为核心的党中央”。这是新时代中国共产党在政治上思想上组织上成熟的集中体现，是全党的选择、人民的选择、历史的选择，对于维护党中央的权威、维护党的团结和集中统一，对于更好地凝聚党和人民的力量，推进中国特色社会主义伟大事业、实现中华民族伟大复兴的中国梦，具有重大而深远的意义。

正如习近平指出：“如果党组织像个大车店、大卖场一样，想来就来，想走就走，那还能有什么核心力量？还能把广大人民群众团结在党的周围吗？”“如果党中央没有权威，党的理论和路线方针政策可以随意不执行，大家各自为政、各行其是，想干什么就干什么，想不干什么就不干什么，党就会变成一盘散沙，就会成为自行其是的‘私人俱乐部’，党的领导就会成为一句空话。”[1] 所以，党的十八大以来，以习近平同志为核心的党中央全力推进党的政治建设，健全维护党中央权威和集中统一领导的各项制度，为确保党始终总揽全局、协调各方，领导好治理好中共这个世界上最大的政党、中国这个世界上人口最多的国家，提供了有力保障。

比如，每年年初，中央政治局常委会都要召开会议，听取全国人大常委会、国务院、全国政协、最高人民法院、最高人民检察院党组工作汇报和中央书记处工作报告，习近平主持会议；在全面深化改革、全面依法治国、财经、审计、外事、国家安全、军民融合、网络安全与信息化等几乎所有事关国计民生的重要领域，都组建中央领导小组（后改成委员会），由习近平亲自挂帅；制定或修订《中国共产党地方委员会工作条例》《中国共产党党内监督条例》《中共中央关于加强党的政治建设的意见》《中共中央政治局关于加强和维护党中央集中统一领导的若干规定》《中国共产党重大事项请示报告条例》《中国共产党党组工作条例》《中

1　习近平：《论坚持党对一切工作的领导》，中央文献出版社 2019 年版，第 47、184 页。

国共产党中央委员会工作条例》等党内法规，以法治手段来维护党中央权威和集中统一领导。

当然，维护党中央权威和集中统一领导，不是说不要民主集中制、不要发扬党内民主了。民主集中制始终是党的根本组织原则，是党内政治生活正常开展的基础保障。就像习近平指出的那样，党和国家做出重大决策部署时，“在酝酿和讨论阶段，要多听意见，让人家多说话，天塌不下来！闭目塞听、闭门造车，不会有好的决策。但是，一旦党中央做出决定，各方就要坚决贯彻执行，不能某个决策不符合自己的意见、不对自己的胃口就不执行。而且，执行起来还要全心全意，不能三心二意、半心半意。”[1]对于自己在党中央、在全党的核心地位，习近平始终是头脑清醒、态度如一的。他说：“党中央的核心、全党的核心，对我来说就是责任，我要用毕生精力和全部生命来回报党和人民的信任，鞠躬尽瘁、死而后已，赴汤蹈火、万死不辞。我说过，核心并不意味着无限权力、任性决策。我……一定要时刻以党和人民为念，以国家主权、安全、领土完整为念……夙夜在公，恪尽职守，全力做好工作，决不辜负党和人民重托。”[2]

1　习近平：《论坚持党对一切工作的领导》，中央文献出版社 2019 年版，第 186 页。

2　习近平：《论坚持党对一切工作的领导》，中央文献出版社 2019 年版，第 176 页。

参考书目

马克思恩格斯选集（第 1 卷）[M]. 人民出版社，2012.

马克思恩格斯选集（第 3 卷）[M]. 人民出版社，2012.

马克思恩格斯选集（第 4 卷）[M]. 人民出版社，2012.

马克思恩格斯论中国 [M]. 人民出版社，2018.

列宁全集（第 42 卷）[M]. 人民出版社，1987.

毛泽东选集（第 1 卷）[M]. 人民出版社，1991.

毛泽东选集（第 3 卷）[M]. 人民出版社，1991.

毛泽东选集（第 4 卷）[M]. 人民出版社，1991.

毛泽东文集（第 3 卷）[M]. 人民出版社，1996.

毛泽东文集（第 6 卷）[M]. 人民出版社，1999.

毛泽东文集（第 7 卷）[M]. 人民出版社，1999.

毛泽东文集（第 8 卷）[M]. 人民出版社，1999.

毛泽东书信选集 [M]. 人民出版社，1983.

建国以来毛泽东文稿（第 6 册）[M]. 中央文献出版社，1992.

建国以来毛泽东文稿（第 13 册）[M]. 中央文献出版社，1998.

邓小平文选（第 2 卷）[M]. 人民出版社，1994.

邓小平文选（第 3 卷）[M]. 人民出版社，1993.

邓小平年谱（1975—1997）上卷 [M]. 中央文献出版社，2004.

周恩来选集（下卷）[M]. 人民出版社，1984.

建党以来重要文献选编（1921-1949）第 1 册 [M]. 中央文献出

版社 , 2011.
习近平谈治国理政（第 1 卷）[M]. 外文出版社 , 2018.
习近平谈治国理政（第 2 卷）[M]. 外文出版社 , 2017
习近平谈治国理政（第 3 卷）[M]. 外文出版社 , 2020.
习近平关于实现中华民族伟大复兴的中国梦论述摘编 [M]. 中央文献出版社 , 2013.
习近平关于全面深化改革重要论述摘编 [M]. 中央文献出版社 , 2014.
习近平关于协调推进“四个全面”战略布局论述摘编 [M]. 中央文献出版社 , 2015.
习近平关于全面依法治国重要论述摘编 [M]. 中央文献出版社 , 2015.
习近平关于严明党的纪律和规矩论述摘编 [M]. 中央文献出版社 , 2015.
习近平关于全面建成小康社会论述摘编 [M]. 中央文献出版社 , 2016.
习近平关于社会主义经济建设论述摘编 [M]. 中央文献出版社 , 2017.
习近平关于社会主义生态文明建设论述摘编 [M]. 中央文献出版社 , 2017.
习近平关于社会主义文化建设论述摘编 [M]. 中央文献出版社 , 2017.
习近平关于全面从严治党论述摘编 [M]. 中央文献出版社 , 2021.
习近平新时代中国特色社会主义思想三十讲 [M]. 学习出版社 , 2018.
习近平 . 论全面深化改革 [M]. 中央文献出版社 , 2018.
习近平 . 论坚持推动构建人类命运共同体 [M]. 中央文献出版社 , 2018.
习近平 . 论坚持党对一切工作的领导 [M]. 中央文献出版社 , 2019.
习近平 . 论党的宣传思想工作 [M]. 中央文献出版社 , 2020.
习近平 . 论坚持全面依法治国 [M]. 中央文献出版社 , 2020.
习近平 . 论把握新发展阶段、贯彻新发展理念、构建新发展格局 [M]. 中央文献出版社 , 2021.
习近平新时代中国特色社会主义思想学习问答 [M]. 学习出版社 , 人民出

版社 , 2021.

习近平 . 论中国共产党历史 [M]. 中央文献出版社 , 2021.

李约瑟 . 中国科学技术史（第 1 卷）[M]. 科学出版社 , 1975.

吴玉章 . 吴玉章文集（下卷）[M]. 重庆出版社 , 1987.

特里 · 伊格尔顿 . 马克思为什么是对的 [M]. 新星出版社 , 2011.